莫砺锋 —— 著

中学生必读诗词125首

花山文艺出版社
河北·石家庄

图书在版编目（CIP）数据

中学生必读诗词 125 首 / 莫砺锋著 . —石家庄：花山文艺出版社，2022.12（2023.9 重印）
ISBN 978-7-5511-6579-2

Ⅰ.①中… Ⅱ.①莫… Ⅲ.①古典诗歌－中国－中学－教学参考资料 Ⅳ.① G634.303

中国国家版本馆 CIP 数据核字（2023）第 013867 号

书　　名：	中学生必读诗词 125 首
	Zhongxuesheng Bidu Shici 125 Shou
著　　者：	莫砺锋
责任编辑：	董　舸
责任校对：	李　伟
装帧设计：	苏　艾
美术编辑：	王爱芹
出版发行：	花山文艺出版社（邮政编码：050061）
	（河北省石家庄市友谊北大街 330 号）
销售热线：	0311-88643299 / 96 / 17 / 34
印　　刷：	三河市冀华印务有限公司
经　　销：	新华书店
开　　本：	700 毫米 ×980 毫米　1/16
印　　张：	18.75
字　　数：	147 千字
版　　次：	2022 年 12 月第 1 版
	2023 年 9 月第 2 次印刷
书　　号：	ISBN 978-7-5511-6579-2
定　　价：	48.00 元

（版权所有　翻印必究・印装有误　负责调换）

前　言

去年 10 月，磨铁图书产品经理刘钊先生来信，约我编写一本解读中小学语文课本所选诗词的读物。我年过七旬，离开中小学的课堂已有半个多世纪，对当年语文课本的内容早已记不清楚。况且我在中小学读书的时候，一心迷恋数理化的课程，对语文课则敬而远之。但由于我在中学时代遇到了很优秀的语文教师，像江苏省太仓市璜泾初级中学的李蓉老师和张国忠老师，以及江苏省苏州高级中学的周本述老师和马文豪老师，他们循循善诱，使我这个"理科生"也对古典诗词产生了兴趣。正是这种兴趣催生了我在长达 10 年的知青生涯中的阅读重点，并在冥冥之中使我报考研究生时突然起念，把专业从英语语言文学改成了中国古代文学，从而进入此前素昧平生的程千帆先生门下，专攻唐宋诗歌。如今的我在大学中文系任教，讲课与学术研究都以古典诗词为主要对象，还写了几本与古典诗词有关的普及读物，这也许是出版方前来约稿的主要原因。刘钊先生给我寄来一套最新版的中小学语文课本，其中所选的古典诗词共有237首，这个数量好像超过我当年所学的。所选的篇目肯定有所变化，但也有若干名篇保持未变。翻开课本看到那些熟悉的名篇，当年初读获得的审美感动顿时涌上心头。正如陆游所说："青灯有味似儿时。"（《秋夜读书每以二鼓尽为节》）岁月如流，人生易老，古典诗词的魅力却是日月常新！于是我爽快地接受了约稿，开始撰写此书。我没有像许多同龄人那样在中小学当过民办教师或代课教师，我的教书生涯是从大学课堂开始的，我对中小学语文教育的全部经验都来自坐在台下听讲。所以本书绝非中小学语文教师的教学参考书，而只是以普通读者的身份谈谈自己阅读古典诗词的感想与心得。我心目中的读者当然包括中小学的语文教师，也包括正在学习语文课的中小学学生，但并非专门针对他们。我相信许多早已离开中小学的读者，许多与语文教学毫无关系的各种行业的读者，甚至是与我同样白发苍苍的退休老人，也可能对本书产生兴趣，因为古典诗词的阅读根本没有年龄的局限，也没有身份的局限。正因如此，我在设计本书内容时没有考虑中小学语文教学的实际需要，我对作品的讲解也完全没有导向标准答案的意图。应出版方的要求，本套书选取了中小学生必读诗词237首，这只是意味着全套书所讲的作品都来自现行的中小学语文统编教材。为了避免雷同，本套书不再对每首作品进行注解，只对教材中的注释或解说中不够全面的地方稍做补充。本套书的主要内容则是以这些作品为对象，来与广大读者分享我的阅读心得，希望引起大家深入阅读古典诗词的兴趣，共同走进这座林茂水深的艺术宝山。

　　什么是诗词？简单地说，诗词就是中国古代的诗歌，是用汉字书写的具有特殊形式的中国诗歌。童庆炳主编的《文学理论教程》说：

"诗是一种语词凝练、结构跳跃、富有节奏和韵律、高度集中地反映生活和表达思想感情的文学体裁。"《现代汉语词典》的定义更加简洁："诗是文学体裁的一种，通过有节奏、韵律的语言集中地反映生活、抒发情感。"这是关于"诗"的权威定义，它面面俱到，最适合教师在课堂上来讲授，也适合学生来应付考试。我作为大学中文系的教师，当然也认可这样的定义。但是作为一个普通的读诗者，当我想跟读者朋友在学校课堂之外交流读诗的心得时，我更认可一些非教科书式的说法。比如明末清初的金圣叹在《与家伯长文昌》中说："诗非异物，只是人人心头舌尖所万不获已、必欲说出之一句说话耳。"英国人赫士列特在《泛论诗歌》中的说法与之相似："诗歌是想象和激情的语言。"也就是说，我认为诗有两个主要特征，一是内容，即人们内心产生的某种情感，不吐不快；二是形式，即用精练、优美的语言把内心情感表达出来。如果缺少了后者，就不能形成一首好诗。如果缺少了前者，则根本不可能成为诗。下面从这两个维度说说古典诗词的性质。

我们先说前者。真情实感是诗最重要的本质，是诗的生命。中国诗歌的开山纲领是"诗言志"，这句话首见于《尚书·尧典》，虽说它不一定真是产生于尧舜时代，但它在先秦时代早已深入人心，而且并非儒家学派独自信奉。《左传·襄公二十七年》载赵文子语"诗以言志"，《庄子·天下》说"诗以道志"，《荀子·儒效》说"诗言是其志也"，都是明证。有些后人以为"诗言志"与"诗缘情"是不同的诗学观念，其实在最初，"志"与"情"的内涵是基本一致的。《左传·昭公二十五年》中记载子产的话："民有好、恶、喜、怒、哀、乐，生于六气。是故审则宜类，以制六志。"孔颖达《正义》说："此六志，《礼记》谓之六情。在己为情，情动为志，情、志一也。"《诗大序》是汉儒阐释《诗经》的纲领，其中说："诗者，志之所之也。在心为志，发言为诗。"孔颖达的解说是："言作诗者，所以舒心志愤懑，而卒成于歌咏。"可见"志"就是"情"，"言志"也就是后人所说的"抒情"。到了屈原，便直接把"抒情"看作写诗的旨趣。《九章·惜诵》说："惜诵以致愍兮，发愤以抒情。"他用"情"字来概括自己的全部精神活动和心理状态，正好与"诗言志"里所说的"志"可以互训。由此可见，中华先民对诗歌的性质有着非常一致、明确的认识：诗歌是抒写人类的内心情感的一种文学样式。

从表面上看，古人非常重视诗的实用价值，正如闻一多在《神话与诗》中所说："诗似乎也没有在第二个国度里，像它在这里发挥过的那样大的社会功能。在我们这里，一出世，它就是宗教，是政治，是教育，是社交，它是全面的生活。"一部《诗经》，几乎成了古代士大夫必读的生活教科书。在《左传》《国语》等史书中记载着大量的"赋诗"事例，大多是在祭祀、朝聘、宴饮等场合中，士大夫们引诵《诗经》来委婉地表意述志。正因诗歌具有如此巨大的实用价值，孔子才会说："不学诗，无以言。"（《论语·季氏》）也正是在这种价值观的指导下，《诗经》才会成为儒学经典。但是只要我们把关注的重点回归到作品自身，只要我们仔细考察那些作品的发生背景，就能得出这个结论：一部《诗经》，除了少数祈福禳灾的祭歌与歌功颂德的颂词，其余的都是"诗言志"的产品，而《诗经》的这种性质也就奠定了整个中国诗歌史的发展方向，正如清人袁枚所说："自三百篇至今日，凡诗之传者，都是性灵，不关堆垛。"（《随园诗话》）那些直抒胸臆、毫无虚饰的诗，感动着千古以来的无数读者。由《诗经》开创的这种传统深刻地影响着整个中国诗歌史，虽然后代诗歌九流百派，千汇万状，但抒情总是其最根本的主流。

从世界文学的眼光来看，抒情是中国诗歌最重要的民族特征。我们不妨以西方诗歌史作为参照物来做一些考察。在古希腊的文化体系中，世界的主宰是天上的诸神，人类只是匍匐在诸神脚下的渺小生灵，以人类生活及其思想感情为内容的诗歌根本没有价值。而且人类的一切力量都来自神的恩赐，诗人的灵感也不能例外，正如柏拉图说："诗人并非借自己的力量在无知无觉中说出那些珍贵的词句，而是由神凭附着来向人说话。"（《伊安篇》）从总体上看，古希腊人重视的是歌颂神灵的史诗，而不是以日常生活为内容的抒情诗。只有中华文化才是抒情诗最合适的发生背景。在中华文化中，诗歌的主体是人，诗歌所表现的客体也是人，所以中国诗人的创作是自然而然的情感流露，就像《诗大序》所描绘的那样："诗者，志之所之也。在心为志，发言为诗。情动于中而形于言，言之不足，故嗟叹之。嗟叹之不足，故永歌之。永歌之不足，不知手之舞之，足之蹈之也。"这个过程无须乞灵于神祇的参与，也不会导致迷失自我心智的迷狂状态。它从人出发，又以人为归宿。它既符合理性，也符合诗歌的本来性质。

以抒情为基本功能的中国诗歌必然会导致诗意生存的人生境界。中华文明从源初开始便很少受到宗教神学和形而上学思考的双重遮蔽，这是中华民族在领悟人生真谛时的独特优势。让我们以春秋战国时代最重要的两位思想家孔子、庄子为例。孔子为了实现其政治理想，栖栖遑遑，席不暇暖。在政治活动失败以后，又以韦编三绝的精神从事学术教育工作，真正做到了"发愤忘食，乐以忘忧，不知老之将至"（《论语·述而》），正是这种积极有为的人生态度使他对生命感到充实、自信，从而在对真与善的追求中实现了审美的愉悦感，并升华进入诗的境界，这就是为后儒叹慕不已的"孔颜乐处"。庄子虽是以浪漫的态度对待人生的，他所追求的是超越现实环境的绝对自由，但在追求人生的精神境界并鄙薄物质享受这一点上则与儒家殊途同归。庄子的人生理想是:"天子不得臣,诸侯不得友。故养志者忘形,养形者忘利,致道者忘心矣。"(《庄子·让王》)正是在这种潇洒、浪漫的人生态度的基础上,庄子才能在自由的精神世界中展翅翱翔。儒、道两家相辅相成,构成了中华民族的基本人生思想,他们对人生的诗意把握足以代表中华民族的文化心理特征。儒、道两家对人生的态度,学者称之为艺术的或审美的人生观,其实称之为诗意的人生观更为确切。因为那种执着而又潇洒的生活态度,那种基于自身道德完善的愉悦感,那种对朴素单纯之美的领悟,那种融真善美为一体的价值追求,只有"诗"这个词才能准确表达。

诗意生存是中华文化中最为耀眼的精华,这份丰厚文化遗产的继承权首先是属于全体中国人的。那么,我们如何来继承这份宝贵遗产呢?最重要的方法当然是阅读古典诗歌,因为古诗是古人心声的真实记录,是展现先民的人生态度的可靠文本,正如叶燮在《原诗》中所说:"诗是心声,不可违心而出,亦不能违心而出。功名之士,决不为泉石淡泊之音;轻浮之子,必不为敦庞大雅之响。故陶潜多素心之语,李白有遗世之句,杜甫兴广厦万间之愿,苏轼师四海弟昆之言。凡如此类,皆应声而出,其心如日月,其诗如日月之光。随其光之所至,即日月见焉。故每诗以人见,人又以诗见。"读诗就是读人,阅读那些长篇短什,古人的音容笑貌如在眼前,这是我们了解先民心态的最佳途径。我们的祖先在评价文学家时有一个非常优秀的传统,那就是人文并重,只有人品与诗品都达到最高境界的诗人才被看成一流诗人。古人著述,本以"修辞立其诚"为原则,并明确反对"巧言乱德",更不要说是以言志为首要目标的诗歌写作了。清人沈德潜说:"有第一等襟抱,第一等学识,斯有第一等真诗。"(《说诗晬语》)薛雪也说:"具得胸襟,人品必高。人品既高,其一謦一欬,一挥一洒,必有过人处。"(《一瓢诗话》)我们在中小学语文课本上读到的古诗大多是经典名篇，它们的作者正是那些具有第一等襟抱的诗人，他们的作品必然是第一等真诗。屈原、陶渊明、李白、杜甫、白居易、苏轼、陆游、辛弃疾等大诗人，他们在作品中敞开心扉与我们赤诚相对，我们完全可以从诗歌中感受他们真实的心跳和脉搏，并努力跟随他们一起走上诗意生存的大道。

我们再说后者。由于华夏民族的语言文字具有鲜明的民族特征，用汉字书写的诗歌也就具有独一无二的美学特征，从而产生了"诗词"这个概念。在中国文学史上，广义的"诗"是包括四言诗、楚辞体以及词和散曲在内的。本书依据的中小学语文课本所收的古典诗歌也确实包括少量的四言诗、楚辞体以及散曲，但绝大多数作品则是"诗词"。"诗词"这个概念中的"诗"，则是指狭义的"诗"，就是以五言诗和七言诗为主，也包括一些杂言诗在内的诗歌。古诗为何以五言和七言为主要句式？这是由中国诗歌自身的发展规律所决定的。中国诗歌以方块的汉字为书写形式，汉字是一种表意注音的音节文字，每一个汉字代表语言的一个音节。《诗经》中的诗句绝大部分是四言句，一般以两个音节为一个节拍，所以四言句基本上是由两个节拍构成的，它们最常见的节奏结构就是二、二。久而久之，这种句式难免产生单调、僵化的缺点。到了汉代，五言诗终于应运而生。五言诗在每句诗中增加一个字，由三个节拍构成，其常见的节奏结构是二、二、一或二、一、二。显然，与四言句相比，五言句不但多出一个节拍，而且其中既有双音节的节拍，也有单音节的节拍，那个单音节的节拍在句中的位置还可变化，它在句式上要比四言句灵活多了。在五言诗的基础上，又发展出七言句，它的节拍数增加到四个，其常见的节奏结构是二、二、二、一或二、二、一、二，进一步增加了意义的容量，在句式上也更加活泼多变。从汉魏到南北朝，五言诗和七言诗的地位越来越重要，而四言诗则逐渐衰微。从唐代开始，五言、七言成为中国古典诗歌最主要的句式，历宋、元、明、清诸代而无改变，直到现代，人们写作古体诗歌时仍然如此。

除了句式以外，古诗的平仄格律也值得关注。中国诗歌的格律经历了从无到有、从草创到成熟的漫长历史时期。汉语有不同的声调，体现为语音的高低、升降和长短。古代汉语有四种声调，就是平声、上声、去声和入声，这与现代汉语的四种声调稍有不同。古人早就知道四声的区分了，但是探索如何利用汉字的不同声调来使诗歌具备声情之美，却在暗中摸索了数百年。从汉魏到南朝，无数诗人不断努力，才逐步建立起诗歌在声调上的格律。中国人的思维向有二元化的特征，人们习惯将万事万物分成阴、阳两类来进行思考。古人早就将汉字的四种声调归纳为平、仄两类，平声为平，上、去、入三声为仄，"仄"就是不平的意思。这样一来，四声的问题转化为两声的问题，非平即仄，非仄即平，于是就有可能在诗歌写作中交错运用两类声调，从而达到声调铿锵的效果。我们在事后从理论上来分析，诗的平仄格律是相当简单的，但古代诗人摸索这种规律的过程却是漫长而艰苦的。在汉末诗人的《古诗十九首》中，还很难找到声调上完全合律的句子。到了魏代，曹植才写出了"孤魂翔故域，灵柩寄京师"（《赠白马王彪》）和"始出严霜结，今来白露晞"（《情诗》）等音调和谐的诗句，可见他已经在思考如何在诗句中交错运用平仄声调以求声情并茂。到了南朝，以沈约为代表的诗人开始从理论上探讨这个问题，提出了"声病"之说。所谓"声病"，便是诗歌中必须讲求声调之和谐，否则便是"有病"。沈约提出了八种应该回避的弊病，其基本精神是不能让声调相同或韵部相同的字连续出现在一句或两句诗中，这事实上就是从反面来思考应该如何在诗歌写作中安排声调之平仄。注意"声病"的诗歌被称为"新变体",或是"永明体"(因其产生于南齐永明年间)。这样,关于诗歌格律的意识已经呼之欲出。所以南朝后期的一些诗人,已能写出平仄基本合律的五言诗。到了唐代,诗人们对沈约的"声病说"进行换位思考,即不再从反面来关注要回避什么,而是从正面来思考应该如何写,诗歌的平仄格律就正式建立起来,并成为五言、七言诗格律中最重要的内容。五言、七言诗的格律中还有对仗。汉字的性质使它能组成非常工整的对偶,就是对仗。在上古的典籍中,便已有对仗出现,例如《尚书·大禹谟》中的"满招损,谦受益",便是对仗。这种显而易见的修辞手段,古代诗人当然不会弃之不顾。早在汉魏六朝的诗歌中,对仗便得到普遍的运用。唐代以来,五言、七言律诗的中间两联一般都需要对仗,基本上被视作格律。至于在律诗的首联或尾联中也可用对仗,那只是技巧而不算格律。

"诗词"这个概念中的"词",则是另一种特殊的诗体,它有许多别名,例如"曲子""乐府"等,这些别名都显示了词体的音乐性质,早期的词都是入乐歌唱的。在词体产生的唐、五代时期,人们常称词为"曲子词"。"曲子"指音乐,"词"指文辞,它们是一件作品的两个方面,是不能分开的。词体的句式大多是长短不齐的,只有少量词调是齐言体(如《浣溪沙》是七言体,《生查子》是五言体),所以词也被称作"长短句"。词在最初是先有曲调,再根据曲调填入字句的。每首词的曲调都有名称,这个名称就是词调,又称"词牌"。这些词调来源不一,或来自官方音乐机关的创制,或吸收外国或境内少数民族的乐曲,或来自民间音乐。一般来说,一个词调有一个固定的名称,它的句式、字数也都是固定的。但也有一调数名的情况,例如《念奴娇》又称《大江东去》或《酹江月》。此外,也有一些词调存在变体,即句式、字数都有所改变。在词史上出现过的词调总数有一千种左右，但比较常见的词调只有一百余种。此外，中小学语文课本中也收录了少量散曲，主要是小令，它们在格式上与词调中的令词比较接近，为免烦冗，不再另行介绍。

词体大致上形成于唐代，经过晚唐五代词人的不断努力，词在宋代达到了空前的繁荣。从此以后，词与五七言诗一样，成为中国古典诗歌最重要的样式。诗词异体，各自具有不同的艺术特征和长处。在词体产生以前，五七言诗在艺术技巧上已有丰厚的积累，且具有很强的抒情功能，这为词体的艺术发展提供了宝贵的经验。然而词体也有许多独特的艺术特征，它在某些艺术技巧和抒情手段上都有超越五七言诗之处。五七言近体诗的平仄格律使其具有声调谐和、回环往复之美，词体在声韵方面更加精细工丽，其声情并茂的程度比五七言诗有过之而无不及。此外，如句法的长短变化，章法的细密熨帖等，词体也比五七言诗更加细致、精微。更重要的是，词体在抒情功能上取得了长足的进步。词更加关注人们的内心世界，尤其是表现心曲深处的细波微澜。那些关于女性与爱情题材的婉约词是不用说了，即使是宋代的豪放词，在抒情方面也同样具有深微委婉的特征，例如辛弃疾常在词中抒写壮志难酬、人生易老的悲壮情怀，那种荡气回肠、百折千回的抒情境界，是五七言诗中所少见的。从总体上说，词与五七言诗在中国诗歌史上双峰并峙，"唐诗宋词"因而成为中国古典诗词巅峰成就的代名词。

本套书所谈的 237 首诗词在现行的中小学语文课本中分属 12 个年级的 23 个分册，它们原来大致上遵循由浅入深的次序，但并不严格。如本套书仍依这种次序，则所谈的作品忽前忽后，杂乱无序。对于本套书的多数读者来说，让他们顺着作品发生年代的顺序来阅读全书，或可获得对古典诗词发展历程的基本印象，从而加深对各位诗人和词人的历史地位及其传承脉络的理解。同时，考虑到本套书读者中会有一些小学生与中学生，这两个特殊群体在阅读与理解能力上有较大差异，于是我将小学课本中的 112 首作品编为一册，将中学课本中的 125 首作品编为另一册，每册内部则以年代先后为序。我所谈的主要内容都是本人的读后感，虽然时常引述别人的意见，但那只是表明我经过思考后认同那些意见。我的读后感主要针对读者可能获得的思想启迪及审美感动，虽然时常涉及一些背景或常识，但那只是为了增进读者对文本的理解。有些作品在读后感后面附有"延伸阅读"或"思考题"，前者提供了可与本作品对照阅读的其他作品，后者建议读者对某些问题进行深入思考。我在这两个方面都有一些自己的想法，但没有写进本书。衷心希望有读者朋友独立得出与我类似的想法，让我们达到相视而笑的心灵默契；更希望有读者朋友有所创获且有以教我，让我重温昔年坐在教室里听讲的温馨记忆。

2022 年 3 月

目录

- 001　关雎　《诗经·周南》
- 003　芣苢　《诗经·周南》
- 005　式微　《诗经·邶风》
- 007　静女　《诗经·邶风》
- 009　氓　《诗经·卫风》
- 012　子衿　《诗经·郑风》
- 014　蒹葭　《诗经·秦风》
- 016　无衣　《诗经·秦风》
- 018　离骚（节选）　[先秦]屈原
- 022　十五从军征　汉乐府
- 024　孔雀东南飞 并序　汉乐府
- 031　涉江采芙蓉　《古诗十九首》
- 033　庭中有奇树　《古诗十九首》
- 035　观沧海　[汉]曹操
- 037　龟虽寿　[汉]曹操

039	短歌行	[汉]曹操
041	赠从弟（其二）	[魏]刘桢
042	梁甫行	[魏]曹植
044	归园田居（其一）	[晋]陶渊明
046	饮酒（其五）	[晋]陶渊明
048	拟行路难（其四）	[南朝·宋]鲍照
050	木兰诗	北朝民歌
053	野望	[唐]王绩
055	送杜少府之任蜀州	[唐]王勃
057	登幽州台歌	[唐]陈子昂
059	春江花月夜	[唐]张若虚
064	望洞庭湖赠张丞相	[唐]孟浩然
066	题破山寺后禅院	[唐]常建
068	次北固山下	[唐]王湾
070	使至塞上	[唐]王维
073	竹里馆	[唐]王维
075	峨眉山月歌	[唐]李白
078	渡荆门送别	[唐]李白
080	蜀道难	[唐]李白
084	梦游天姥吟留别	[唐]李白
087	行路难（其一）	[唐]李白
089	春夜洛城闻笛	[唐]李白
091	将进酒	[唐]李白
094	送友人	[唐]李白

096	闻王昌龄左迁龙标遥有此寄	[唐]李白
098	黄鹤楼	[唐]崔颢
100	燕歌行 并序	[唐]高适
104	长沙过贾谊宅	[唐]刘长卿
106	望岳	[唐]杜甫
108	春望	[唐]杜甫
110	石壕吏	[唐]杜甫
113	月夜忆舍弟	[唐]杜甫
115	蜀相	[唐]杜甫
117	客至	[唐]杜甫
119	茅屋为秋风所破歌	[唐]杜甫
121	登高	[唐]杜甫
123	登岳阳楼	[唐]杜甫
125	江南逢李龟年	[唐]杜甫
129	白雪歌送武判官归京	[唐]岑参
131	行军九日思长安故园	[唐]岑参
133	逢入京使	[唐]岑参
135	夜上受降城闻笛	[唐]李益
137	晚春	[唐]韩愈
138	左迁至蓝关示侄孙湘	[唐]韩愈
141	秋词	[唐]刘禹锡
142	酬乐天扬州初逢席上见赠	[唐]刘禹锡
145	卖炭翁	[唐]白居易
147	琵琶行 并序	[唐]白居易

151	钱塘湖春行	[唐]白居易
153	雁门太守行	[唐]李贺
155	李凭箜篌引	[唐]李贺
157	咸阳城东楼	[唐]许浑
160	赤壁	[唐]杜牧
162	泊秦淮	[唐]杜牧
165	商山早行	[唐]温庭筠
167	夜雨寄北	[唐]李商隐
169	无题	[唐]李商隐
171	锦瑟	[唐]李商隐
173	贾生	[唐]李商隐
175	虞美人	[南唐]李煜
177	望海潮	[宋]柳永
179	渔家傲·秋思	[宋]范仲淹
181	浣溪沙	[宋]晏殊
183	采桑子	[宋]欧阳修
185	登飞来峰	[宋]王安石
187	桂枝香·金陵怀古	[宋]王安石
189	江城子·乙卯正月二十日夜记梦	[宋]苏轼
191	江城子·密州出猎	[宋]苏轼
193	水调歌头	[宋]苏轼
195	卜算子·黄州定惠院寓居作	[宋]苏轼
197	念奴娇·赤壁怀古	[宋]苏轼
200	定风波	[宋]苏轼

203	登快阁	[宋]黄庭坚
205	鹊桥仙	[宋]秦观
207	行香子	[宋]秦观
209	相见欢	[宋]朱敦儒
211	如梦令	[宋]李清照
213	渔家傲	[宋]李清照
215	声声慢	[宋]李清照
217	临江仙·夜登小阁，忆洛中旧游	[宋]陈与义
219	游山西村	[宋]陆游
221	临安春雨初霁	[宋]陆游
223	书愤	[宋]陆游
225	十一月四日风雨大作（其二）	[宋]陆游
227	卜算子·咏梅	[宋]陆游
229	插秧歌	[宋]杨万里
231	过松源晨炊漆公店（其五）	[宋]杨万里
233	念奴娇·过洞庭	[宋]张孝祥
235	丑奴儿·书博山道中壁	[宋]辛弃疾
237	破阵子·为陈同甫赋壮词以寄之	[宋]辛弃疾
239	太常引·建康中秋夜为吕叔潜赋	[宋]辛弃疾
241	南乡子·登京口北固亭有怀	[宋]辛弃疾
243	永遇乐·京口北固亭怀古	[宋]辛弃疾
245	扬州慢	[宋]姜夔
247	约客	[宋]赵师秀
248	过零丁洋	[宋]文天祥

250　南安军　[宋]文天祥

252　天净沙·秋思　[元]马致远

254　山坡羊·潼关怀古　[元]张养浩

254　山坡羊·骊山怀古　[元]张养浩

257　朝天子·咏喇叭　[明]王磐

259　皂罗袍　[明]汤显祖

260　别云间　[明]夏完淳

262　浣溪沙　[清]纳兰性德

264　己亥杂诗（其五）　[清]龚自珍

266　潼关　[清]谭嗣同

268　满江红　[清]秋瑾

271　沁园春·长沙　毛泽东

273　沁园春·雪　毛泽东

276　梅岭三章　陈毅

关雎

《诗经·周南》

关关雎鸠，在河之洲。
窈窕淑女，君子好逑。

参差荇菜，左右流之。
窈窕淑女，寤寐求之。
求之不得，寤寐思服。
悠哉悠哉，辗转反侧。

参差荇菜，左右采之。
窈窕淑女，琴瑟友之。
参差荇菜，左右芼之。
窈窕淑女，钟鼓乐之。

　　这是《诗经》的第一篇，汉代的儒者说其主题是歌颂"后妃之德"，当然不可采信。但说它是歌颂男女爱情之纯真以及婚姻之和谐，则比较可信。诗中的"君子"显然是个贵族青年，所以他取悦淑女的方法是"琴瑟友之"和"钟鼓乐之"。但全诗的语气都带有民歌格调，而且在爱情婚姻方面，贵族与民间的价值判断并无太大的差别，所以此诗完全适应于社会各个阶层的需要，古代常在相关典礼上进行演唱。孔子认为"君子之德，风；小人之德，草；草上之风，必偃"（《论语·颜渊》），意即民间的道德判断会受到贵族观念的影响。孔子还称赞此诗"乐而不淫，哀而不伤"（《论语·八佾》），他显然对这种纯良而且有所节制的感情抒发是充分肯定的。全诗从水鸟鸣叫求偶的自然现象起兴，相传雎鸠是一种雄雌相守的水鸟，"关关"即是它们求偶时的鸣叫声。"君子"也同样需要求偶，他爱上了一位淑静美丽的姑娘，认定她就是自己的好配偶。君子热烈地追求淑女，一时求之不得，竟至于夜不能眠。君子为了获得姑娘的芳心，便用种种方法来追求她，既弹着琴瑟来亲近她，又奏着钟鼓来取悦她。在整个求爱的过程中，君子始终彬彬有礼，姑娘则相当矜持稳重，这与《诗经·郑风·将仲子》中的"窬里""折树"那种大胆奔放的民间求爱行为有较大差别。显然，这种经过礼仪约束的恋爱才是古代社会中各个阶层的人们都能接受的，它也应该在现代文明社会中占有一席之地。

芣苢

《诗经·周南》

采采芣苢,薄言采之。采采芣苢,薄言有之。
采采芣苢,薄言掇之。采采芣苢,薄言捋之。
采采芣苢,薄言袺之。采采芣苢,薄言襭之。

这也许是《诗经》中把民歌情调保持得最完美的一首作品。全诗的字句极其简单:"采采",后人或释为"新鲜貌"及"茂盛的样子",义均可通。但既然是一首民歌,则释成"采"字的复沓句式,也即"采呀采",更为合理。"薄言"是发语词,并无实义,这是《诗经》中极为常见的语言现象,众无异议。全诗虽有十二句,却有六句都是"采采芣苢",一字未变。其余六句都是"薄言采之"的重复,只不过把"采"字变成了"有""掇""捋""袺""襭"而已。而且"有"字在此处之义为"取",与"采"字同义。"袺""襭"二字,则如朱熹所释,一指"以衣贮之而执其衽也",一指"以衣贮之而执其衽于带间也",字义差别仅在几微之间。只有"掇"与"捋",前者指拾取,后者指"取其子",即顺着芣苢的主茎捋取其籽(可能是取其种子),动作与结果都稍有差异。所以"薄言"开头的六句诗在字句上也是基本重复的。如此高频率的复沓句法，只有民歌中才有。众所周知，"芣苢"是车前草，但是此草有何用处，则众说纷纭。古人说可以治疗不孕症，现代的中医则说可以利尿。但是一大群人同在野地里兴高采烈地采集药草，似乎不很合理。清人郝懿行在《尔雅义疏》中释"芣苢"曰："野人亦煮啖之。"即乡下的穷人把车前草煮熟充饥，也许是最合理的解说。

正因如此，清人方玉润在《诗经原始》中对此诗的解说最惬人意，现全引如下："读者试平心静气涵咏此诗，恍听田家妇女，三三五五，于平原旷野、风和日丽中，群歌互答，余音袅袅，若远若近，忽断忽续，不知其情之何以移，而神之何以旷。"总之，这是一群劳动者在野地里采摘野菜时同声共唱的一首民歌，它句意简单，声情俱美，堪称天籁。

式微

《诗经·邶风》

式微式微，胡不归？
微君之故，胡为乎中露？

式微式微，胡不归？
微君之躬，胡为乎泥中？

汉儒将此诗解释成劝归之歌，影响深远。所以"式微"一词竟成为后人表示归隐的专用词汇，唐代王维在《渭川田家》中说"即此羡闲逸，怅然吟《式微》"，便是最著名的例子。但是事实上这是一首劳动人民苦于劳役而唱的怨歌。"式"是发语词，无实际意义。"微"指光线昏暗，也即暮色降临。这位劳动者自言自语地问道：天色已经昏暗，我们为什么还不能回家休息呢？第三句中的"君"当指强迫人们劳作的官员或领主：要不是因为你，我哪用冒这样的风露？后一章用重复的语气强调心中的怨气：要不是为了你的贵体，我哪用陷在这泥淖之中？是啊，"日出而作，日入而息"本是古人的正常生活节奏，可是这位劳动者却被迫一直劳作到夜露凝结还不得休息，而劳动环境又是异常恶劣，劳动者竟然终日陷在泥淖之中。"劳者歌其事"，难怪这个辛苦劳作的人要怒气冲冲地大声抗议。孔子说"诗可以怨"（《论语·阳货》），应该就是指此类作品而言。

思考题

由于古诗言简意赅，甚至意在言外，这就给读者留下广阔的解释空间。最常见的一种情形是借题发挥，就以这首《式微》来说，由于"式"是语助词，"微"字含有衰微之意，故"式微"一词可以解作衰微、衰颓，也即处境艰难。因为处境艰难，故而想要归隐，是很合理的联想。正如晋代陶渊明在《归去来兮辞》中所说："归去来兮，田园将芜胡不归？"所以后代诗人都把《式微》理解成归隐主题的诗歌，几乎无一例外。请问你对古诗解读中的这种现象有什么看法？

静女

《诗经·邶风》

静女其姝，俟我于城隅。爱而不见，搔首踟蹰。
静女其娈，贻我彤管。彤管有炜，说怿女美。
自牧归荑，洵美且异。匪女之为美，美人之贻。

  此诗描写一对青年男女的密约幽会。约会的地点是"城隅"，也即城角，那是一个人迹罕至的幽僻地方。小伙子约会的对象是一个性格娴静的姑娘，她既"姝"又"娈"，也即美丽可爱。

  首章写姑娘相当调皮，明明约了小伙子到城角会面，却故意躲在一边。"爱"义同"薆"，隐也。"爱而"即隐蔽的样子，意即小伙子四处张望，姑娘却踪影全无，急得他一边抓耳挠腮，一边走过来又走过去。

  次章写姑娘终于现身，并赠送小伙子一枝"彤管"，这彤管光彩鲜亮，与姑娘一样美丽可爱。"彤管"究竟是何物？古人说是红色的笔管。然而诗歌的主人公分明是一对民间的男女，在那个书写属于贵族特权的时代，哪会用笔管当礼物？所以"彤管"当是一枝红色的草管，它与下章中的"荑"一样，都是随手可得的植物枝叶，礼轻情意重，它们在情人眼中都是极其珍贵的定情之礼。

第三章写姑娘刚从牧地回来，随手带来一根鲜嫩的茅草送给小伙子。茅草随处可得，一根茅草怎会"洵美且异"，即美好且珍异？于是小伙子自己解释说：不是这根茅草有什么美，而是你出于美人所赠！物以人重，正是情人心态的自然表现。

总之，此诗描写一对青年男女的约会过程，虽然情节简单，语言朴素，但将双方的性格及心理活动却刻画得栩栩如生，是一首美丽动人的爱情诗。

氓

《诗经·卫风》

氓之蚩蚩，抱布贸丝。
匪来贸丝，来即我谋。
送子涉淇，至于顿丘。
匪我愆期，子无良媒。
将子无怒，秋以为期。

乘彼垝垣，以望复关。
不见复关，泣涕涟涟。
既见复关，载笑载言。
尔卜尔筮，体无咎言。
以尔车来，以我贿迁。

桑之未落，其叶沃若。
于嗟鸠兮，无食桑葚！
于嗟女兮，无与士耽！
士之耽兮，犹可说也。
女之耽兮，不可说也！

桑之落矣，其黄而陨。
自我徂尔，三岁食贫。
淇水汤汤，渐车帷裳。
女也不爽，士贰其行。
士也罔极，二三其德。

三岁为妇，靡室劳矣。
夙兴夜寐，靡有朝矣。
言既遂矣，至于暴矣。
兄弟不知，咥其笑矣。
静言思之，躬自悼矣。

及尔偕老，老使我怨。
淇则有岸，隰则有泮。
总角之宴，言笑晏晏。
信誓旦旦，不思其反。
反是不思，亦已焉哉！

  这是一位弃妇诉说其婚姻悲剧的长诗，全诗共六十句，平均分成六章，层次分明，脉络清晰，完整地叙述了整个故事的来龙去脉。第一章写男子向我求婚，我虽未立刻答应，但对他心怀好感，远道相送，且约定婚期。第二章写我对男子朝思暮想，见面之后满心欢喜，经过简单的卜筮，便带着嫁妆嫁了过去。第三章以鸠鸟多食桑葚而致醉倒的自然现象起兴，劝说女子千万不可沉溺于爱情。第四章诉说我婚后过了多年苦日子，不料男子变心，婚姻破裂。第五章补叙我婚后含辛茹苦，家业渐兴，却被男子无情抛弃，回到家里还受到兄弟的嘲笑。第六章回忆当初与男子海誓山盟的恋爱过程，痛定思痛，决心与他一刀两断。从篇幅的分配来看，全诗以叙事为主，夹杂着议论与抒情。其实叙事皆包含着心理活动，议论也完全是有感而发，全诗的主要性质就是抒情。这个女子看到男子长相忠厚，便对他心怀好感。又轻信男子的花言巧语，便以身相许。婚后辛苦多年，终于被弃。从最初的爱恋、相思，到中间的失望、痛苦，到最后的醒悟、决断，女子的心理活动逐步披露，深切动人。她对婚姻的态度并非十分轻率，也曾要求男子委托良媒。她成婚后竭尽全力操持家务，一心希望与男子白头偕老。然而她终于遭到无情的抛弃，这当然可以归于遇人不淑的偶然性。但在一个男性占主导地位的社会里，女性在爱情婚姻上的悲剧命运其实是难以避免的。所以此诗包含着深刻的社会批判意义，是古代诗歌中弃妇题材最早的典范作品。诗中以第一人称出现的那位弃妇，她的回忆，她的诉说，都以平实的语气表述。诗中对男子面善心险、始乱终弃的谴责，也以委婉的方式进行。这一切在表面上都符合儒家诗教关于"怨而不怒"的观点。但是从艺术感染力来看，此诗达到了相当的高度。

思考题

试以此诗为例，说说你对"怨而不怒"的诗学观点的认识。

子衿

《诗经·郑风》

青青子衿，悠悠我心。
纵我不往，子宁不嗣音？

青青子佩，悠悠我思。
纵我不往，子宁不来？

挑兮达兮，在城阙兮。
一日不见，如三月兮！

  这是一首男女相思之歌。由于青色的衣领与青色的玉佩绶带多半是古代男子的衣饰，故一般认为此诗是出于女子的口吻。这个姑娘对她的恋人一往情深，念念不忘，故发为心声，絮絮叨叨。首章说思念你身上的青色衣领，次章说思念你身上的青色佩带，世上哪有不想其人而想其衣服的道理？这衣领、佩带当然都是借代恋人，唯其如此，才能达到意象鲜明、情绪婉曲的艺术效果。用两句"纵我不往"引起的诘问，酷肖一位热恋中的姑娘特有的幽怨、娇嗔的口吻，如闻其声。

经过前两章的铺垫，第三章便直接表明姑娘的心事，她在城头上徘徊眺望，热切盼着恋人的出现。"一日不见，如三月兮"不但生动地刻画了她的心理状态，而且与前两章遥相呼应。在前两章中姑娘诘问恋人为何不寄信来，又问他为何不来相会，语气之焦虑、急躁，仿佛对方已经多时杳无音信。读到末章，方知这完全是姑娘心头的错觉，他俩也许分别仅有一天，姑娘却觉得已有三月之久。

这真是一首言简意赅、语浅情深的恋歌！

蒹葭

《诗经·秦风》

蒹葭苍苍，白露为霜。
所谓伊人，在水一方。
溯洄从之，道阻且长。
溯游从之，宛在水中央。

蒹葭萋萋，白露未晞。
所谓伊人，在水之湄。
溯洄从之，道阻且跻。
溯游从之，宛在水中坻。

蒹葭采采，白露未已。
所谓伊人，在水之涘。
溯洄从之，道阻且右。
溯游从之，宛在水中沚。

《蒹葭》堪称古代的朦胧诗。"所谓伊人"，是男是女？诗人与"伊人"，是同性的朋友还是异性的恋人？都难以断定。程俊英教授把"溯洄从之"译成"逆着流水去找她"，似嫌武断。我们只知道在一个清冷的深秋之晨，诗人来到河边，追寻其苦苦思念的"伊人"。然而眼前只有一片茫茫的芦苇丛，青青的芦苇叶上，露水凝成了霜花。诗中没有脉络分明的情节，没有面目清晰的人物，一切都是那么朦胧、迷茫。"伊人"明明是在河水的那一方，为何其身影又浮现于近在咫尺的水中央？诗人一会儿溯流而上，一会儿又顺流而下，到底该到哪里去寻找对方？幻象的若隐若现暗示着迷惘的心绪，道路的险阻漫长衬托出不懈的追求。

扑朔迷离的内容，一唱三叹的韵味，忧伤凄婉的意境，都使读者回味无穷。最使人思绪低回、若有所感的正是此诗的朦胧性质，诗人既不愿意将其心思明白吐露，读者又何必寻根问底？况且相思本是人们心灵深处最微妙、最委婉、最隐约的一种活动，如此表达正切合其性质。当然，较多的读者愿意把"伊人"理解成诗人苦苦寻觅的一个姑娘，愿意把《蒹葭》理解成一首美丽的情诗，像程俊英、金启华教授都是如此。虽然并无根据，但既然"诗无达诂"，这样解读也未尝不可。

无衣

《诗经·秦风》

岂曰无衣？与子同袍。
王于兴师，修我戈矛，与子同仇。

岂曰无衣？与子同泽。
王于兴师，修我矛戟，与子偕作。

岂曰无衣？与子同裳。
王于兴师，修我甲兵，与子偕行。

此诗产生于东周初年的秦国。秦国地处我国的西北边区，与西北部的一些少数民族相接近。当时的犬戎经常入侵，秦国上下积极参战，以实际行动抵抗侵略，周平王封秦襄公为诸侯，也命他攻逐犬戎。诗中三次说"王于兴师"，表明这是上承周天子之命而出兵，是师出有名的正义之师。

全诗分为三章，每章的意思大致相同。袍是外衣，如同今天的披风或斗篷，泽是指贴身的内衣，裳是下衣，但本诗中的"同袍""同泽"

和"同裳"不是指两人同穿一件衣裳，而是说士兵兄弟之间不分彼此，大家共享有限的物资装备。实际上，它主要想表达的意思是彼此要同甘共苦，共赴国难，也就是后面所说的"与子同仇""与子偕作"和"与子偕行"，即同仇敌忾，一起行动起来，共同奔赴战场，共同御侮。

　　自古以来，中华民族涌现了许多爱国英雄，他们为了国家和民族的利益，在国家和民族危急存亡的紧要关头挺身而出，踊跃参战，用实际行动来保家卫国。此诗表达的正是为国从军的慷慨激昂之情，诗中充满着同仇敌忾的英雄气概，它永远激励着我们随时准备走上保卫祖国的战场。

离骚（节选）

[先秦] 屈原

　　帝高阳之苗裔兮，朕皇考曰伯庸。摄提贞于孟陬兮，惟庚寅吾以降。皇览揆余初度兮，肇锡余以嘉名。名余曰正则兮，字余曰灵均。

　　纷吾既有此内美兮，又重之以修能。扈江离与辟芷兮，纫秋兰以为佩。汩余若将不及兮，恐年岁之不吾与。朝搴阰之木兰兮，夕揽洲之宿莽。日月忽其不淹兮，春与秋其代序。惟草木之零落兮，恐美人之迟暮。不抚壮而弃秽兮，何不改此度？乘骐骥以驰骋兮，来吾道夫先路！

…………

　　长太息以掩涕兮，哀民生之多艰。余虽好修姱以鞿羁兮，謇朝谇而夕替。既替余以蕙纕兮，又申之以揽茝。亦余心之所善兮，虽九死其犹未悔。怨灵修之浩荡兮，终不察夫民心。众女嫉余之蛾眉兮，谣诼谓余以善淫。固时俗之工巧兮，偭规矩而改错。背绳墨以追曲兮，竞周容以为度。忳郁邑余侘傺兮，吾独穷困乎此时也。宁溘死以流亡兮，余不忍为此态也！鸷鸟之不群兮，自前世而固然。何方圜之能周兮，夫孰异道而相安？屈心而抑志兮，忍尤而攘诟。伏清白以死直兮，固前圣之所厚。

悔相道之不察兮，延伫乎吾将反。回朕车以复路兮，及行迷之未远。步余马于兰皋兮，驰椒丘且焉止息。进不入以离尤兮，退将复修吾初服。制芰荷以为衣兮，集芙蓉以为裳。不吾知其亦已兮，苟余情其信芳。高余冠之岌岌兮，长余佩之陆离。芳与泽其杂糅兮，唯昭质其犹未亏。忽反顾以游目兮，将往观乎四荒。佩缤纷其繁饰兮，芳菲菲其弥章。民生各有所乐兮，余独好修以为常。虽体解吾犹未变兮，岂余心之可惩？

《离骚》是屈原用生命铸成的诗歌，是我们解读屈原生平及其心迹的可靠文本。结合司马迁《史记·屈原列传》、刘向《新序·节士》、王逸《楚辞章句》等史料以及后代学者的研究成果，我们得知《离骚》的第一节中包含着如下秘密：一是屈原出身高贵，他与楚国的王室同族，都是五帝之一高阳氏颛顼的后裔。二是屈原生逢吉日良辰。相传屈原生于寅年寅月寅日，对于一个男子来说，那是一个大吉大利的好日子。三是屈原的父亲伯庸根据他初生时的气度，通过卦辞为他取了美好的名字：名为"正则"，字曰"灵均"。"正则"和"灵均"分别是"平"字和"原"字的隐语，意即名平，字原。王夫之解说得很清楚："平者，正之则也；原者，地之善而均平者也。隐其名而取其义，以属辞赋体然也。"第二节中又披露了屈原的心声，他对自己的才能品性有着强烈的自信，美人芳草便是其美好品性的艺术象征。他迫切地感受到时光易逝，担心老之将至而美好的名声尚未建立。他希望能为国家人民做出杰出的贡献。

课本中所选的第三节是诉说自己怀才不遇、报国无门的悲愤。仿佛是命运在有意作弄，赤心爱国的屈原偏偏生活在国家灾难接踵而至的多事之秋。战国时代，列国纷争，纵横捭阖，楚国也是逐鹿天下的一方诸侯。然而楚怀王志大才疏，性格多疑，在内政外交上总是举棋不定，对内常被谗臣宠妾所蒙骗，对外则屡受秦国的欺侮。于是，忠而见疑、信而被谤便成为屈原的宿命。他先是被楚怀王猜疑、疏远，放逐到汉北，后又受继位的顷襄王敌视、迫害，流放至江南。

　　屈原之所以要叹息、流涕，绝不仅仅是哀叹自己个人命运的不幸，而是为国家、人民多灾多难的命运而悲伤、忧愤。屈原坚信自己的高尚品德和卓越才华可以很好地为国家效劳，可以在为国家建功立业的过程中体现自己的美好才性。对屈原来说，提升自己的道德境界的追求与为国家、人民谋福祉的事功是完全一致的，也是相辅相成的。正因如此，当诗人为"民生多艰"而痛哭流涕后，就更加坚定了对美好才性的追求。可惜的是他的洁白清忠与满朝的邪恶势力如水火之不相容，以至于早上直言进谏，晚上便被斥退。而自己受到斥责的原因竟然是佩戴蕙草和采摘白芷，也就是追求美好的事物。正是在这种境况中，屈原发出了声裂金石的誓言："亦余心之所善兮，虽九死其犹未悔。"意谓只要自己所追求的目标符合道德规范，即使多次献出生命也不会后悔。这种愿意为正义的事业而献身的观念，正是屈原崇高人格的生动体现，它必将鼓励后人在进德修身的道路上义无反顾地前进。

　　课本所选的第四节诉说了屈原被放逐以后不改初心的坚定态度。从被疏远到被流放，从汉北到江南，屈原的处境越来越艰难，他的前途越来越渺茫。在长达十六年的流放生涯中，在其生命的最后三分之一历程里，屈原报国无门，壮志难酬。但他从未放弃自己的人生追求，始终坚持自己的高洁品格，他具有百折不回、九死不悔的坚强意志。

流放中的屈原并没有空度岁月，他举起如椽巨笔，抒写对祖国和人民的深切爱恋，倾诉对美好理想的热烈追求。

《离骚》这首长篇抒情诗就是他在流放外地时所写的。他用美丽芬芳的花草制成衣服，不仅戴着高高的帽子，而且带着长长的佩剑，以此表明维护自身高洁品性的决心。屈原坚决不让黑暗政治的污泥浊水玷污自己的高贵品质，更不愿用同流合污的苟且态度损害自己的美丽人生。"虽体解吾犹未变兮，岂余心之可惩？"这是他宁死不屈的人生誓言。他最后奋身跃入汨罗江的清波，就是对这个庄严誓言的实现。诗为心声，《离骚》就是屈原心声的真实记录。《离骚》是中国文化史上前所未有的宏伟诗篇，也是中国诗歌史上永久的典范杰作，值得我们认真阅读。

十五从军征

汉乐府

十五从军征,八十始得归。
道逢乡里人:"家中有阿谁?"
"遥看是君家,松柏冢累累。"
兔从狗窦入,雉从梁上飞。
中庭生旅谷,井上生旅葵。
舂谷持作饭,采葵持作羹。
羹饭一时熟,不知饴阿谁。
出门东向看,泪落沾我衣。

  这是一首汉代民歌。现存最早的文献出处是宋人郭茂倩编《乐诗诗集》,归于《梁鼓角横吹曲》,当是经过梁代乐工的整理。清人沈德潜在《古诗源》中准确地将它归于汉代的《古诗》,原诗无题,今人取其首句为题。

  此诗的产生年代难以断定,由于汉代的边塞战争相当频繁,诗的内容又相当简略,今已无法考知其具体的时代背景。它虽是一首民歌,但艺术构思非常巧妙,应当是经过文人的加工。全诗描写一位士兵的人生遭遇，他经历了长达六十五年的征戍生涯，但诗中仅用开头两句一笔带过。语气十分平淡，但内蕴的情感是多么沉痛！从十五岁从军到八十岁解甲，囊括了他的整个人生。他活到了八十岁，这在当时已是罕见的高龄，本应抱孙负暄安度晚年，他却刚刚解甲归里。

以下的十四句诗集中描写士兵回到家乡时的三个画面：家人均已亡故，只剩下一堆坟冢。家中的房屋则化成一片荒芜，兔走雉飞，野草丛生。他勉强采集野草的果实与茎叶，煮熟充饥，却无人与他一起用餐。至于他在征戍生涯中经受的种种艰难困苦，他在军中度日如年挨过的漫长岁月，他对杳无音信的家人漫无尽头的怀念相思，都一概从略，给读者留下丰富的想象空间。汉代的边塞战争，有的是出于抵抗外族侵扰，有的是出于开疆拓土，性质不可一概而论。但无论如何，绵延不绝的战争总会对人民的和平生活造成极大的破坏。像诗中的这位老人，他虽然没有埋骨沙场，但少小从军远征绝域，垂老归乡独度残年，他的一生是何等惨痛！儒家主张"和为贵"，汉武帝晚年下《轮台诏》追悔开边过甚，都是看到了战争的破坏性。中国人民热爱和平，此诗以控诉穷兵黩武为主题，就是以反面的例证发出的正义呼声。

孔雀东南飞 并序

汉乐府

汉末建安中,庐江府小吏焦仲卿妻刘氏,为仲卿母所遣,自誓不嫁。其家逼之,乃投水而死。仲卿闻之,亦自缢于庭树。时人伤之,为诗云尔。

孔雀东南飞,五里一徘徊。
"十三能织素,十四学裁衣,十五弹箜篌,十六诵诗书。十七为君妇,心中常苦悲。君既为府吏,守节情不移,贱妾留空房,相见常日稀。鸡鸣入机织,夜夜不得息。三日断五匹,大人故嫌迟。非为织作迟,君家妇难为!妾不堪驱使,徒留无所施,便可白公姥,及时相遣归。"
府吏得闻之,堂上启阿母:"儿已薄禄相,幸复得此妇。结发同枕席,黄泉共为友。共事二三年,始尔未为久,女行无偏斜,何意致不厚?"阿母谓府吏:"何乃太区区!此妇无礼节,举动自专由。吾意久怀忿,汝岂得自由!东家有贤女,自名秦罗敷,可怜体无比,阿母为汝求。便可速遣之,遣去慎莫留!"府吏长跪告:"伏惟启阿母,今若遣此妇,终老不复取!"阿母得闻之,槌床便大怒:"小子无所畏,何敢助妇语！吾已失恩义，会不相从许！"

府吏默无声，再拜还入户，举言谓新妇，哽咽不能语："我自不驱卿，逼迫有阿母。卿但暂还家，吾今且报府。不久当归还，还必相迎取。以此下心意，慎勿违吾语。"新妇谓府吏："勿复重纷纭。往昔初阳岁，谢家来贵门。奉事循公姥，进止敢自专？昼夜勤作息，伶俜萦苦辛。谓言无罪过，供养卒大恩；仍更被驱遣，何言复来还！妾有绣腰襦，葳蕤自生光；红罗复斗帐，四角垂香囊；箱帘六七十，绿碧青丝绳，物物各自异，种种在其中。人贱物亦鄙，不足迎后人，留待作遗施，于今无会因。时时为安慰，久久莫相忘！"

鸡鸣外欲曙，新妇起严妆。著我绣夹裙，事事四五通。足下蹑丝履，头上玳瑁光。腰若流纨素，耳著明月珰。指如削葱根，口如含朱丹。纤纤作细步，精妙世无双。上堂拜阿母，阿母怒不止。"昔作女儿时，生小出野里，本自无教训，兼愧贵家子。受母钱帛多，不堪母驱使。今日还家去，念母劳家里。"却与小姑别，泪落连珠子。"新妇初来时，小姑始扶床；今日被驱遣，小姑如我长。勤心养公姥，好自相扶将。初七及下九，嬉戏莫相忘。"出门登车去，涕落百余行。

府吏马在前，新妇车在后，隐隐何甸甸，俱会大道口。下马入车中，低头共耳语："誓不相隔卿，且暂还家去；吾今且赴府，不久当还归，誓天不相负！"新妇谓府吏："感君区区怀！君既若见录，不久望君来。君当作磐石，妾当作蒲苇，蒲苇纫如丝，磐石无转移。我有亲父兄，性行暴如雷，恐不任我意，逆以煎我怀。"举手长劳劳，二情同依依。

入门上家堂，进退无颜仪。阿母大拊掌，不图子自归：

"十三教汝织，十四能裁衣，十五弹箜篌，十六知礼仪，十七遣汝嫁，谓言无誓违。汝今何罪过，不迎而自归？"兰芝惭阿母："儿实无罪过。"阿母大悲摧。

还家十余日，县令遣媒来。云有第三郎，窈窕世无双，年始十八九，便言多令才。阿母谓阿女："汝可去应之。"阿女含泪答："兰芝初还时，府吏见丁宁，结誓不别离。今日违情义，恐此事非奇。自可断来信，徐徐更谓之。"阿母白媒人："贫贱有此女，始适还家门。不堪吏人妇，岂合令郎君？幸可广问讯，不得便相许。"媒人去数日，寻遣丞请还，说有兰家女，承籍有宦官。云有第五郎，娇逸未有婚。遣丞为媒人，主簿通语言。直说太守家，有此令郎君，既欲结大义，故遣来贵门。阿母谢媒人："女子先有誓，老姥岂敢言！"阿兄得闻之，怅然心中烦，举言谓阿妹："作计何不量！先嫁得府吏，后嫁得郎君，否泰如天地，足以荣汝身。不嫁义郎体，其往欲何云？"兰芝仰头答："理实如兄言。谢家事夫婿，中道还兄门。处分适兄意，那得自任专！虽与府吏要，渠会永无缘。登即相许和，便可作婚姻。"媒人下床去，诺诺复尔尔。还部白府君："下官奉使命，言谈大有缘。"府君得闻之，心中大欢喜。视历复开书，便利此月内，六合正相应。良吉三十日，今已二十七，卿可去成婚。交语速装束，络绎如浮云。青雀白鹄舫，四角龙子幡，婀娜随风转。金车玉作轮，踯躅青骢马，流苏金镂鞍。赍钱三百万，皆用青丝穿。杂彩三百匹，交广市鲑珍。从人四五百，郁郁登郡门。

阿母谓阿女："适得府君书，明日来迎汝。何不作衣裳？莫令事不举！"阿女默无声，手巾掩口啼，泪落便如泻。移我琉璃榻，出置前窗下。左手持刀尺，右手执绫罗。朝成绣夹裙，晚成单罗衫。晻晻日欲暝，愁思出门啼。府吏闻此变，因求假暂归。未至二三里，摧藏马悲哀。新妇识马声，蹑履相逢迎。怅然遥相望，知是故人来。举手拍马鞍，嗟叹使心伤："自君别我后，人事不可量。果不如先愿，又非君所详。我有亲父母，逼迫兼弟兄，以我应他人，君还何所望！"府吏谓新妇："贺卿得高迁！磐石方且厚，可以卒千年；蒲苇一时纫，便作旦夕间。卿当日胜贵，吾独向黄泉！"新妇谓府吏："何意出此言！同是被逼迫，君尔妾亦然。黄泉下相见，勿违今日言！"执手分道去，各各还家门。生人作死别，恨恨那可论？念与世间辞，千万不复全！

　　府吏还家去，上堂拜阿母："今日大风寒，寒风摧树木，严霜结庭兰。儿今日冥冥，令母在后单。故作不良计，勿复怨鬼神！命如南山石，四体康且直！"阿母得闻之，零泪应声落："汝是大家子，仕宦于台阁，慎勿为妇死，贵贱情何薄！东家有贤女，窈窕艳城郭，阿母为汝求，便复在旦夕。"府吏再拜还，长叹空房中，作计乃尔立。转头向户里，渐见愁煎迫。其日牛马嘶，新妇入青庐。奄奄黄昏后，寂寂人定初。"我命绝今日，魂去尸长留！"揽裙脱丝履，举身赴清池。府吏闻此事，心知长别离，徘徊庭树下，自挂东南枝。两家求合葬，合葬华山傍。东西植松柏，左右种梧桐。枝枝相覆盖，叶叶相交通。中有双飞鸟，自名为鸳鸯。仰头相向鸣，夜夜达五更。行人驻足听，寡妇起彷徨。多谢后世人，戒之慎勿忘！

《孔雀东南飞》是汉代乐府中最杰出的长篇叙事诗，讲述了汉末发生的一个凄美的爱情故事。此诗最早载于《玉台新咏》，该书编成于梁代末年，上距汉末建安已有三百余年。诗序中的"时人"当指建安时人，从最初的创作到编成定本，可能经过文人的润色，但仍然保留了民歌的基本格调。

　　《孔雀东南飞》在艺术上取得了巨大的成功。一是叙事线索十分清晰，而且把情节安排得高潮迭起，一波三折。比如兰芝被休回家，其母怒而训斥之，经过解释方转怒为悲。又如兰芝不愿改嫁，本已取得其母的谅解，却被其兄粗暴地予以干涉。情节生动，引人入胜。二是对话极为生动，且完全符合人物的性格。比如焦母，一张嘴就是一副专横的口吻。又如刘兄，一开口就声若暴雷。至于焦、刘二人的话语，虽然都很和善，但仲卿说话极其温顺，临死前向母亲告别的"儿今日冥冥，令母在后单"那几句话，仍然说得温顺有礼。而兰芝的话语则柔中带刚，她告别焦母时所说的一番话，表面上全是自我贬抑，骨子里却颇带锋芒。三是细节描写十分细腻，画面感很强。比如兰芝将自己的嫁妆交付给仲卿，以及府君为婚事所备聘礼，都写得十分具体，不避繁复，这固然是民歌的传统写法，也有力地衬托了人物的性格或故事的情节。

　　当然，全诗最突出的艺术成就在于刻画人物非常成功。诗歌的主人公是仲卿与兰芝，他俩都很善良，但前者相当软弱而后者比较刚强，性格上各具特色，所以在遭遇变故时，二人的反应有所不同。兰芝受到焦母的嫌弃，虽然心怀冤屈，但并不曲意迎合以委曲求全，而是主动对丈夫提议相遣。她离开焦家时精心妆饰，向焦母及小姑辞行时不卑不亢，都做得十分得体，从而保持了人格的尊严。而仲卿则比较软弱，他对专横乖戾的母亲只知苦苦哀求，不敢据理力争。诗中的次要人物虽然着墨较少，但也写得栩栩如生。比如焦母专横，刘兄粗暴，但各具面目，并不雷同。总之，此诗在人物刻画与情节安排两个方面均达到了极高的水平，堪称古代叙事诗中的典范之作。

《孔雀东南飞》在思想内容上的价值更加可贵，序言中所谓"时人伤之"，表明当时的人民对焦、刘二人的不幸遭遇深切同情。全诗热情歌颂了一对民间男女忠于爱情、反抗压迫的抗争精神，尖锐批判了封建礼教灭绝人性的腐朽本质，从而反映了广大人民同情善良反对专制的道德选择。

焦仲卿与刘兰芝是一对善良温顺的青年，他们也愿意遵循当时的礼教与风俗。兰芝婚后辛勤持家，仅因不得焦母欢心便被休回家。回家后本想等待时机再续旧缘，却又被兄长逼着改嫁，这才以死抗争。即使在决定自杀后，兰芝仍然顺从兄长对其改嫁的安排，并未口出怨言。仲卿曾代兰芝向母亲求情，但终于不敢违抗母命而休掉兰芝，在兰芝死后方随之殉情。他临死前辞别母亲，仍在关心母亲的健康，并未表示不满。在当时的社会里，儿媳妇仅因"父母不悦"便要被休，这在《礼记》中就有明文规定。而女性"在家从父，父死从兄"也是社会公认的习俗。焦、刘二人都不敢公然违抗礼教，他们相约殉情，实质上是以逃避的方式进行抗争。唯其如此，焦、刘二人的悲剧命运才更加震撼人心。如此善良温顺的一对青年夫妇，竟然生生地被拆散、逼死，可见礼教对他们的摧残是多么残酷，他们在礼教的压迫下又是多么无助！焦母与刘兄二人，前者专横，后者粗暴，他们事实上就是礼教的帮凶，但实质上也是礼教的殉葬品。焦母逼子休妻，刘兄逼妹改嫁，他们在主观意图上未必就想把亲生儿子与同胞妹妹逼到死地。"两家求合葬"的结局表明他们最后也对焦、刘二人的悲惨下场心怀愧疚，但悲剧已经在他们最亲近的家人身上发生了。所以此诗讲述的是善良的人物在黑暗的社会环境中无法逃避的悲惨命运，而且悲剧发生并非出于偶然，这就具有震撼人心的感染力。可以说，焦仲卿与刘兰芝以死抗争的举动，以及"时人"对他们的同情，对于封建礼教最终退出历史舞台有着潜在的巨大影响。这是《孔雀东南飞》最大的思想价值。

涉江采芙蓉

《古诗十九首》

涉江采芙蓉，兰泽多芳草。
采之欲遗谁？所思在远道。
还顾望旧乡，长路漫浩浩。
同心而离居，忧伤以终老。

东汉末年是一个风衰俗怨的时代，社会动荡不安，人民流离失所，夫妇离散成为常见的社会现象，也成为当时的文人诗《古诗十九首》的重要主题。

此诗中没有出现夫妇双方的正面形象，但其主题显然是夫妇离散造成的男女相思。前四句的主语是谁？多半是留在家中的思妇。她来到长满芳草的泽边，涉过江水，去采摘盛开的荷花。她采下荷花要想赠送给思念的对象，也即她的丈夫，可惜他人在远方。五、六两句承接上文，转而描写身在异乡的丈夫。他可能还在走向远方的道中，离乡越来越远，不禁回头眺望故乡，却只见永无尽头的漫长道路。七、八两句绾结双方，他们本是一对恩爱夫妻，情投意合，然而未能像太平时代的夫妻那样相伴终生，反倒分居两地，相隔遥远，只能在忧愁悲伤中渐渐老去。这对夫妻为何分居两地？这位丈夫为何离乡背井远赴他乡且长久滞留不归？是宦游，是求学，还是别的什么原因？诗中只字未提。他们的具体生活情景如何？丈夫在旅途中经受了什么艰难苦辛，妻子独自在家如何维持生计？诗中也只字未提。

全诗八句，全部用来抒写他们的相思之苦，以平淡质朴的语言抒写诚挚深刻的思绪，感人至深。刘勰评之曰"婉转附物，怊怅切情，实五言之冠冕也"（《文心雕龙·明诗》），确非虚誉。

庭中有奇树

《古诗十九首》

庭中有奇树，绿叶发华滋。
攀条折其荣，将以遗所思。
馨香盈怀袖，路远莫致之。
此物何足贵？但感别经时。

《古诗十九首》是东汉末年的文人诗，一般都带有风衰俗怨的末世色彩。此诗虽未涉及社会性的内容，但情感之沉郁也颇与那个时代相符。诗歌的抒情主人公难以断定性别与身份，但比较合理的推测是一位思妇，抒发的是对远行的丈夫的思念之情。全诗先写庭中奇树叶茂花香，再写折花寄远却路远难至，最后抒发离别已久的感慨。内容相当简单，语言也非常朴素，但是语淡情深，耐人咀嚼，其成功之处在于情思之真挚与思绪之绵密。这位思妇看到庭树开花，为何就会想到折花寄远？当是其夫在家时曾多次与她共赏此树，且曾共折此花，所以见此花即思其人。待到折下花来，芳香满怀满袖，忽然悟到丈夫远在天边，平时连书信都难以寄达，哪能把花寄到他手中？思妇终于从折花寄远的幻想中醒悟过来，于是叹息说这不过是一枝花卉而已，本身并不足贵,我之所以要远道相寄,只是因为感念离别已久罢了!从欣赏树花到折花寄远,从无法寄花再到轻视此花,思妇的心思经历了先扬后抑的曲折过程,而她对丈夫的深切怀念也就表露无遗。如此丰富的心绪与如此深挚的情感都在平淡的文字表面下深藏不露,读者需经细细品味才能有所感悟,可谓意在言外,含蓄蕴藉。

观沧海

[汉] 曹操

东临碣石，以观沧海。
水何澹澹，山岛竦峙。
树木丛生，百草丰茂。
秋风萧瑟，洪波涌起。
日月之行，若出其中；
星汉灿烂，若出其里。
幸甚至哉，歌以咏志。

东汉建安十二年（207），曹操率军北征乌桓，九月得胜班师，返途中经过碣石。此时曹操基本消灭了北方的敌对势力，踌躇满志。当他观看波涛汹涌的大海时，叱咤风云的英雄气概油然而生，诗兴大发。时令是秋风萧瑟的深秋，景物是洪波涌起的沧海，在年过半百、功业垂成的曹操看来，两者都带有沉雄壮伟、刚健有力的特征。于是沧海茫茫之景色与以天下为己任的胸怀互相融合，构成此诗的壮阔意境。清人沈德潜称曹操诗"时露霸气"（《古诗源》），此诗虽是一首山水诗，但也洋溢着这种"霸气"。"日月之行"以下四句，描写沧海之茫无边际，堪称神来之笔。日月星辰都在大海中出没，本是人们在海边观看日出月落所得的错觉，此诗用一"若"字，表明是经过理性思考后仍然存在的视觉印象，更加鲜明生动，且笔力雄健。结尾二句虽是乐府古题固定的套句，但用在此处也很妥当。此诗确实兼具写景与咏怀两重意义，它是一位英雄人物观看大海发出的心声。

思考题

杜甫描写洞庭湖之茫无边际时说："吴楚东南坼，乾坤日夜浮。"（《登岳阳楼》）你觉得杜诗与此诗中"日月之行"四句之间有什么联系吗？

龟虽寿

[汉] 曹操

神龟虽寿,犹有竟时;
腾蛇乘雾,终为土灰。
老骥伏枥,志在千里;
烈士暮年,壮心不已。
盈缩之期,不但在天;
养怡之福,可得永年。
幸甚至哉,歌以咏志。

本诗的成功,主要得益于思想的力量。当然,这种思想是用艺术形象的手段进行表达的,从而不失审美价值。前四句运用两个神话传说,说明任何生命终将消逝的道理。中间四句话锋一转,说虽然人寿有限,但仍应以积极的态度对待人生,即使到了暮年也应保持壮心。这四句是就人的事业心也即生命的外部价值而言,接下来的四句则转向生命自身的价值,即如何争取长寿以及健康。全诗的三节,都在表述某种观念。合而论之,就是作者完整的人生观。在谶纬迷信及神仙长生之术甚为盛行的汉末,曹操能有如此健康积极的人生理念,能对生命的自然规律及其社会意义有如此清醒明智的认识，真是难能可贵。就本诗而言，更可贵的是上述理念主要是用形象思维的方式来表述的。前四句中推出《庄子》虚构的寿达三千年的神龟，以及《韩非子》虚构的能乘云驾雾的腾蛇这两种特殊生命形态，说明它们虽然如此长寿或如此神奇，仍无法逃脱自然规律的局限。中四句用"老骥伏枥"作为比喻，形象鲜明生动，意蕴清晰深刻，以至于成为后人广泛应用的成语。这两节的语气之抑扬顿挫也极为成功，第一节中包含着两度先扬后抑，第二节则包含着两度先抑后扬，从而营构出沉思郁郁的意境，且体现出思考深刻的特征。

总之，此诗是一首人生的颂歌，是鼓励人们奋勇向前的人生格言。

短歌行

[汉] 曹操

对酒当歌，人生几何！譬如朝露，去日苦多。
慨当以慷，忧思难忘。何以解忧？唯有杜康。
青青子衿，悠悠我心。但为君故，沉吟至今。
呦呦鹿鸣，食野之苹。我有嘉宾，鼓瑟吹笙。
明明如月，何时可掇？忧从中来，不可断绝。
越陌度阡，枉用相存。契阔谈䜩，心念旧恩。
月明星稀，乌鹊南飞。绕树三匝，何枝可依？
山不厌高，海不厌深。周公吐哺，天下归心。

此诗作年不详。宋人苏轼在《赤壁赋》中说是曹操在赤壁之战前夕"酾酒临江，横槊赋诗"的作品，不失为合理的推测。后来《三国演义》第四十八回虚构了"宴长江曹操赋诗"的情节，便是据此而来。赤壁之战发生于汉献帝建安十三年（208），其时曹操五十四岁，已基本平定北方，正在雄心勃勃地图谋统一全国。清人张玉谷分析此诗的主旨云："此叹流光易逝，欲得贤才以早建王业之诗。"（《古诗赏析》卷八）颇中肯綮。

全诗三十二句，分成四节，每节八句。第一节先从时光易逝说起。畅饮酣歌之际，诗人忽然想到人生短促，犹如朝露之易干。如何才能解忧，唯有借酒浇愁。由此可见此诗很可能成于宴席之上，是一首即景生情之作。第二节转入期待贤才之意，前二句用《诗经·郑风·子衿》成句，后四句用《诗经·小雅·鹿鸣》成句，仅自拟"但为君故，沉吟至今"二句穿插其中，却巧妙地抒写了自己思慕贤才，愿意热情相待的诚意。这是对春秋时代诸侯会盟时赋诗明志的传统的巧妙继承，堪称古为今用的范例。第三节重申自己对贤才的思慕之情：贤才自处高远，有如天上明月，可望而不可即，使得自己忧虑难绝。及至贤才远道而来，遂得宴饮谈心，快慰何如！第四节进而对尚未罗至幕下的贤才发出呼唤：你们就像择木而栖的乌鹊，尚未选定归宿之处。我像周公一样求贤若渴，多多益善，诚心希望大家前来加盟。

此诗文辞典雅，意境浑成，热诚求贤的真情实感与雄视天下的英雄气概也许是曹操这位人物的独特心态，但对人生易老的感叹与对功业建树的追求却能引起普通读者的共鸣，堪称建安诗歌的代表作，也是《诗经》之后罕见的四言诗杰作。

赠从弟（其二）

[魏] 刘桢

亭亭山上松，瑟瑟谷中风。
风声一何盛，松枝一何劲！
冰霜正惨凄，终岁常端正。
岂不罹凝寒？松柏有本性。

松柏是神州大地上最常见的冬青树，孔子说"岁寒，然后知松柏之后凋也"（《论语·子罕》），这是以语录的方式对松柏的高度赞美。刘桢改以诗歌来赞美松柏，在精神上与孔子一脉相承，写法则层层递进，多面观照，淋漓尽致地展现了松柏的高尚品性。首句描写松树之挺拔身姿，次句写寒风之强烈声响。三、四句进而慨叹寒风之猛烈与松树之刚劲，句序上却与上二句交叉相承，整饬中又见变化。五、六句在寒风之外加上冰霜惨凄，说明环境更加恶劣，以此衬托松柏之端正志节。末二句诘问松柏难道没有遭遇严寒天气？然而它们自有刚强本性，故能抵御严寒的侵逼。全诗仅有首句从正面描摹松柏之形态，其余七句均用侧面烘托、遗貌取神的写法，是一首别开生面的咏物诗佳作。

梁甫行

[魏] 曹植

八方各异气,千里殊风雨。
剧哉边海民,寄身于草野。
妻子象禽兽,行止依林阻。
柴门何萧条,狐兔翔我宇。

东汉建安十二年(207),曹植随其父北征乌桓,九月班师途经碣石,看到海边人民的贫困生活,乃作此诗。当时曹植年仅十六岁,但他诗才早熟,故诗笔已甚为老练。东汉末年从黄巾起义到诸侯争霸,中原连年战乱,生民涂炭。在曹植出生的前一年,曹操在《蒿里行》中写道:"白骨露于野,千里无鸡鸣。"在曹植出生的当年,王粲在《七哀诗》中写道:"出门无所见,白骨蔽平原。"曹植二十岁那年在《送应氏》中也说:"中野何萧条,千里无人烟。"都是描写战乱之后中原千里荒芜的景象。此诗所写的则是另一种民生疾苦。碣石地处穷海边陲,并未直接受到战火的蹂躏,但这些"边海民"之贫困状态比中原更加不堪。"边海民"或为祖祖辈辈居住此地之土著,或为躲避战乱从中原逃窜至此之流民,他们寄身于荒山野岭,行止于山林险阻。

在自小就是贵公子的曹植的眼中，边民们的生存状态简直与禽兽无异。孔子说"鸟兽不可与同群"（《论语·微子》），文明社会中的人类本来不该与鸟兽为伍。然而"边海民"竟然"妻子象禽兽"，他们的柴门里面竟然是"狐兔翔我宇"！这是何等惨淡的人生！全诗至此便戛然而止，但读者自可联想是何人何事导致此等人间悲剧，这便是此诗最大的意义。

归园田居（其一）

[晋] 陶渊明

少无适俗韵，性本爱丘山。
误落尘网中，一去三十年。
羁鸟恋旧林，池鱼思故渊。
开荒南野际，守拙归园田。
方宅十余亩，草屋八九间。
榆柳荫后檐，桃李罗堂前。
暧暧远人村，依依墟里烟。
狗吠深巷中，鸡鸣桑树颠。
户庭无尘杂，虚室有余闲。
久在樊笼里，复得返自然。

东晋安帝义熙元年（405）八月，陶渊明出任彭泽县令，是年十一月即辞职，返回浔阳柴桑（今江西九江）故里躬耕，并终老于斯。此诗大约作于义熙二年（406）。诗人家贫，因无法养家而被迫出仕，于孝武帝太元十八年（393）出任江州祭酒，其后断断续续地任过荆州刺史幕僚、镇军参军、建威参军等职。从初次出仕至辞去彭泽令，前后共达十三年。此诗第四句中的"三十年"有误，应依其他版本改成"十三年"。

　　全诗共五首，此为其一。开头六句是第一段，表明自己自幼无法适应世俗，喜爱自然才是自己的本性。后来误入仕途，久在官场，正如鸟鱼留恋山林和渊泽一样，自己也终于返回故园。接下来的十二句描写回归田园的生活状态：耕种着一片不大的田地，住着几间足以容身的茅屋，房前屋后有许多嘉木，不远之处可以望见几个村庄，鸡犬相闻，红尘不到。最后两句抒发自己的愉快心情：终于摆脱了身受羁缚的官场生活而回归自然！

　　相传陶渊明辞去彭泽县令的直接原因是上级官员前来视察，县吏劝他用恭敬的礼节参见上司，陶渊明叹曰："我岂能为五斗米，折腰向乡里小儿！"（萧统《陶渊明传》）此诗则表明他始终厌恶污浊的官场，回归田园是他深思熟虑的人生选择。正如他在《归去来兮辞》中所云："归去来兮，田园将芜胡不归？既自以心为形役，奚惆怅而独悲？悟已往之不谏，知来者之可追。实迷途其未远，觉今是而昨非。"归隐后的躬耕生活尽管朴素甚至艰苦，但在陶渊明看来却是无比美好，他的心里非常满足，十分愉悦，因为这是他理想的生活形态。陶渊明曾在《桃花源记》中描写他向往的理想境界："土地平旷，屋舍俨然，有良田、美池、桑竹之属。阡陌交通，鸡犬相闻。其中往来种作，男女衣着，悉如外人。黄发垂髫，并怡然自乐。"试与此诗的中间一段对读，何其相似乃尔！所以此诗不仅是对质朴生活的深情赞颂，而且是对尘俗世界的精神超越，它是我们摆脱庸俗境界而通往诗意栖居的人生指南。

饮酒（其五）

[晋] 陶渊明

结庐在人境，而无车马喧。
问君何能尔？心远地自偏。
采菊东篱下，悠然见南山。
山气日夕佳，飞鸟相与还。
此中有真意，欲辨已忘言。

结庐人境而没有车马喧嚣，这个目标如何达到？陶渊明的对策便是"心远"。"心远"是对浊世的疏离，是对名利的漠视，是对物质世界的精神超越。正像古井之水难起波澜一样，陶渊明既然达到了"心远"的境界，荣华富贵便像天上的浮云，喧浊市声便像远处的轻风。难怪他在庐山脚下的小村庄里过得如此从容、潇洒！他悠然自得地采菊东篱，又悠然自得地闲看南山，只觉得那暮岚氤氲、飞鸟归林的景物中包蕴着自然的真谛，想要辨析却已忘却了表达的语言。这便是陶渊明为自己构建的一座精神家园！

后人对这首《饮酒》好评如潮，清人陈祚明的说法最为中肯："心远地即偏，公固不蹈东海。采菊见山，此有真境，非言可宣，即所为桃源者是耶？"（《采菽堂古诗选》）意思是陶渊明与污浊的俗世本是格格不入的，但他用"心远地自偏"的方法实现了精神上的远离，也就不必像鲁仲连那样因义不帝秦而蹈于东海了。陈氏还认为陶渊明所处的"真境"，也就是他笔下的桃花源。说到桃花源，许多人会联想到美国人亨利·梭罗笔下的瓦尔登湖。桃花源与瓦尔登湖都是通过文学作品而名扬天下的地名，也常常被人相提并论。瓦尔登湖与桃花源具有共同的本质，那便是远离人寰，隔绝红尘，它们不属于社会而属于自然，它们是厌倦了喧嚣和纷争的人们的精神避难所。然而它们也有根本的不同，那便是一实一虚。瓦尔登湖是真实的地点，在交通便利的今天，人们要去寻访并非难事。桃花源却是陶渊明虚构出来的一个虚无缥缈的幻境，它只存在于《桃花源记》这篇文学作品中。可能有人认为，瓦尔登湖实而桃花源虚，前者可以亲临而后者只能想象，这也许是梭罗更受今人关注，而陶渊明却无人问津的主要原因。然而事实上，陶渊明的桃花源要比梭罗的瓦尔登湖更有意义。因为梭罗是在空间距离的层面追求远离红尘，他独自跑到瓦尔登湖边去隐居，便是看中了那里寂寥无人。而陶渊明却是在心理距离的层面上去追求，用他自己的话来说，就是追求"心远"。在陶渊明看来，要想远离喧嚣的红尘世俗，不必躲进深山老林，只要保持清静、安宁的心态就可以了。或者说，只要在心灵深处虚构一个世外桃源就行了。所以，两人追求的目标虽然相同，但梭罗的行为是我们无法仿效的。地球已变得如此拥挤，我们能到哪里去寻找一个瓦尔登湖呢？陶渊明的行为却具有永久的典范意义，因为只要你抵拒外在的诱惑，"心远"是随时随地都能付诸实施的。哪怕你栖居在人潮汹涌的现代都市，哪怕你把家安在水泥森林中的一间公寓，你同样可以获得心灵的宁静，同样可以生活在理想的世外桃源，因为"心远地自偏"，桃花源本来就存在于我们的心中。这是《饮酒》一诗最大的思想价值。

拟行路难（其四）

[南朝·宋] 鲍照

泻水置平地，各自东西南北流。
人生亦有命，安能行叹复坐愁！
酌酒以自宽，举杯断绝歌《路难》。
心非木石岂无感？吞声踯躅不敢言。

鲍照其人，才华杰出而家世寒微，又偏偏生活在一个等级森严的门阀社会里，便注定要遭受"才秀人微，取湮当代"（钟嵘《诗品》）的命运。他的《拟行路难》十八首以抒写怀才不遇的悲愤心情为主，本文所选的是其中的第四首。水从高处流向低处，自有规律。然而泻水平地，四方乱流，又有什么规律可言？人的命运也是如此，贫富穷达，尽出偶然。既然自己命当贫贱，又何必叹息、忧愁？想到这里，诗人便借酒浇愁，不再高歌《行路难》。可是毕竟心非木石，岂能没有感触？只因多所顾忌，遂至饮恨吞声。此诗的语气奔泻直下，意绪却百折千回；表面上声称停歌、吞声，事实上淋漓酣畅地倾吐了郁积胸中的种种烦恼。当然，此诗也是对不公平的社会进行的深刻揭露和无情控诉。怀才不遇并非仅仅是诗人自身的问题，它实际上也是整个社会与国家的悲剧。优秀的人才不能人尽其才，必然对国家民族造成巨大的损失。鲍照就是如此，由于他生活在一个门阀势力控制所有政治资源的时代，连自身的文学才能都不能充分发挥，其政治才能更是遭到彻底的埋没。此诗是鲍照代表无数怀才不遇者发出的正义呼声，虽然它在表面上句句不脱自身，却具有深刻的社会意义。

木兰诗

北朝民歌

唧唧复唧唧,木兰当户织。
不闻机杼声,唯闻女叹息。

问女何所思,问女何所忆。
女亦无所思,女亦无所忆。
昨夜见军帖,可汗大点兵。
军书十二卷,卷卷有爷名。
阿爷无大儿,木兰无长兄,
愿为市鞍马,从此替爷征。

东市买骏马,西市买鞍鞯,
南市买辔头,北市买长鞭。
旦辞爷娘去,暮宿黄河边,
不闻爷娘唤女声,但闻黄河流水鸣溅溅。
旦辞黄河去,暮至黑山头,
不闻爷娘唤女声,但闻燕山胡骑鸣啾啾。

万里赴戎机，关山度若飞。
朔气传金柝，寒光照铁衣。
将军百战死，壮士十年归。

归来见天子，天子坐明堂。
策勋十二转，赏赐百千强。
可汗问所欲，木兰不用尚书郎，
愿驰千里足，送儿还故乡。

爷娘闻女来，出郭相扶将；
阿姊闻妹来，当户理红妆；
小弟闻姊来，磨刀霍霍向猪羊。
开我东阁门，坐我西阁床。
脱我战时袍，著我旧时裳。
当窗理云鬓，对镜帖花黄。
出门看火伴，火伴皆惊忙：
同行十二年，不知木兰是女郎。

雄兔脚扑朔，雌兔眼迷离；
双兔傍地走，安能辨我是雄雌？

此诗是北朝乐府民歌中最著名的叙事长诗，它讲述了一个姑娘女扮男装替父从军的故事，情节环环相扣，引人入胜；对话活泼生动，如闻其声；心理描写细致入微，真切感人。此外还有三点值得注意：首先，这是一首北朝乐府，所描写的战事可能指北魏与柔然之间的战争，所以应是鲜卑民族的民歌。但它在《乐府诗集》中归入《梁鼓角横吹曲》，在流传过程中多半经过汉族文人的整理。诗中如"朔气传金柝，寒光照铁衣"那样对仗工整、平仄合律的句子，又如称敌军为"胡骑"，多半经过南朝文人的润色。诗中对最高统治者既称"可汗"，又称"天子"，也显示出民族糅合的痕迹。在继南北朝而兴的唐代，唐太宗既为天子，同时又被称为"天可汗"，也是同一道理。可见自古以来，保家卫国就是中华民族大家庭内部共同的道德追求。其次，木兰这个人物，其实也是糅合南北文化而产生的。木兰在家时专事纺织，从军后却顺利地从事征战且屡建战功，前者说明其家庭属于汉化较深的鲜卑民族，后者可见她仍然保持骑马射箭等北方女性的特长，就像《魏书》中记载的那位"褰裙逐马如卷蓬，左射右射必叠双"的"李波小妹"一样。所以木兰成为整个中华民族敬爱歌颂的英雄人物，并非仅仅属于某个少数民族。最后，在古代社会，女性一般没有机会从事社会性的工作，从军作战更是闻所未闻。即使在北朝，木兰仍需女扮男装才能替父从军。然而木兰竟然成功地加入军队且战功赫赫，堪称古代绝无仅有的女性打破性别障碍获得成功的励志故事。木兰从军的故事流传千古，对于建设男女平等、消除性别歧视的文明社会意义巨大，这是《木兰诗》最显著的现代价值。

野望

[唐] 王绩

东皋薄暮望,徙倚欲何依。
树树皆秋色,山山唯落晖。
牧人驱犊返,猎马带禽归。
相顾无相识,长歌怀采薇。

一个傍晚,隐居在故乡绛州(今山西新绛)龙门东皋村的王绩在暮色中孤独地徘徊,时而伫立远望,时而低头沉思,问自己:我有什么可以依靠的吗?诗人虽隐居田园之中,但他的心却还没有真正地安顿下来,故而有"徙倚欲何依"的困惑与苦恼。

中间两联写"野望"之所见。时令已经到了秋天,举目四望,树叶或黄或红,呈现斑斓的秋色。落日的余晖则为远近山岭涂上了一层苍凉的色彩。好一幅秋日山村夕照图!下面一联转入对动态景物的摹写:牛犊在牧人的驱赶下,向村口缓缓走来,猎马也满载着猎物悠然归来,可以想见此时的牧人与猎人都带着满足和自得的表情。这种没有羁绊、简单朴素的生活是真令诗人羡慕!

面对此情此景,诗人却觉得他的理想与追求无人能够理解,只能舍近求远，追怀起伯夷、叔齐那样的隐士来。王绩原是前隋旧臣，入唐后虽曾出仕，但总觉得持节隐居才是自己最终的选择。可是这种心志，在这古朴自然的山村中又有谁能理解呢？无奈之下，诗人只能追慕古代高士的遗风了。此诗的主旨是向往归隐，但毫无疑问，正是山村秋暮的美丽景色和村民们安宁悠闲的生活增强了诗人的归隐之念。面对着纯朴美丽的大自然，谁不想回归她的怀抱呢？

送杜少府之任蜀州

[唐] 王勃

城阙辅三秦,风烟望五津。
与君离别意,同是宦游人。
海内存知己,天涯若比邻。
无为在歧路,儿女共沾巾。

这是一首脍炙人口的送别诗,它以高度概括的语言将送友赴远之事以及与友离别之情深刻而生动地表达出来,几乎题无剩义。

首联交代送别之地和将去之所。"城阙"指唐都长安的城垣、宫阙,"三秦"泛指当时长安附近的关中。"五津"指岷江的五大渡口,即白华津、万里津、江首津、涉头津、江南津,这里泛指蜀州。长安、蜀州,千里相隔,临歧相送,自然勾起无限离情别绪,故次联即入别情:我们同是宦游之人,萍踪浪迹,今天在这里作别,明天就各在天涯,离别况味,溢于言外。第三联由送别生发出对于友情的抒发。千里送君,终有一别,只要我们的交情还在,只要我们彼此引为知己,就算隔得再远,总能息息相通;即使是天涯海角,只要彼此间友情长存,便犹如咫尺相邻。尾联则写临歧分手一刹那间,朋友相互勉励,不作洒泪沾巾之小儿女态。全诗层次井然，别时之景、离别之情写得真切而深刻，感人至深。

全诗中的警策无疑是"海内存知己，天涯若比邻"两句，它们将友情升华为一种知己意识，并揭示出这种知己意识足以经受时空距离的考验，隔之弥远，别之弥久，其情愈真，其思愈切。只要彼此思念，时空距离又算得了什么呢！正是由于这两句诗将朋友之间的友情提升到了极致，因而深得后人欣赏和喜爱，直至今天，在与朋友离别之际，人们还会将这两句诗当作临别赠言，也作为对友人的勉励或祝愿。

登幽州台歌

[唐] 陈子昂

前不见古人，后不见来者。
念天地之悠悠，独怆然而涕下！

　　幽州台位于幽州（今河北保定市定兴县境内），一名"燕台"，又名"黄金台"。幽州台本是战国时燕昭王筑台揽贤的地方，昭王采纳郭隗之议，在台上储藏黄金以招揽天下贤才，后来果然招来了乐毅那样的盖世英才。唐武后万岁通天元年（696），陈子昂从军来到幽州。他登上幽州台，举目远眺，怀古伤今，感慨万千。陈子昂此行，是跟随大将武攸宜前来征讨契丹的。陈子昂向武攸宜提出许多谋略，后者一概不予采纳，陈子昂十分失望。怀才不遇的陈子昂登上幽州台，想到古人筑台揽贤的事迹早已一去不复返。昭王、乐毅等明君贤臣早已不见踪影，后来的英才又在何方？他瞻前顾后，倍感寂寞。宇宙茫茫，地老天荒，人生却只是短短的一瞬，于是诗人怆然泪下。此诗的特点在于，它完全脱离了登览诗或怀古诗的一般写法，只字不写登台所见之景，而直接抒发内心的寂寞之感。它对于怀古的具体对象以及引发感慨的具体原因也不着一字，只说宇宙茫茫，天地悠悠，引得自己怆然流泪。然而我们阅读此诗，却仿佛看到眼前有一片苍茫辽远的旷野，也仿佛看到幽州台上有昭王、乐毅等古人在活动，甚至能清晰地感受到陈子昂的满腹牢骚与满腔幽愤。为何此诗能有如此奇特的艺术效果？奥秘或在于它经过高度的概括与抽象，就像浓度极高的美酒一样，品尝一滴即能令人陶醉。

春江花月夜

[唐] 张若虚

春江潮水连海平,海上明月共潮生。
滟滟随波千万里,何处春江无月明。
江流宛转绕芳甸,月照花林皆似霰。
空里流霜不觉飞,汀上白沙看不见。
江天一色无纤尘,皎皎空中孤月轮。
江畔何人初见月?江月何年初照人?
人生代代无穷已,江月年年望相似。
不知江月待何人,但见长江送流水。
白云一片去悠悠,青枫浦上不胜愁。
谁家今夜扁舟子?何处相思明月楼?
可怜楼上月裴回,应照离人妆镜台。
玉户帘中卷不去,捣衣砧上拂还来。
此时相望不相闻,愿逐月华流照君。
鸿雁长飞光不度,鱼龙潜跃水成文。
昨夜闲潭梦落花,可怜春半不还家。
江水流春去欲尽,江潭落月复西斜。
斜月沉沉藏海雾,碣石潇湘无限路。

> 不知乘月几人归，落月摇情满江树。

《春江花月夜》千百年来倾倒了无数读者，张若虚因此被后人誉为"孤篇横绝，竟为大家"。

从内容来看，《春江花月夜》可分成五段，它们的句数分别为八句、八句、四句、八句、八句。第一段入手擒题，总写在明月之夜春江潮涨，以及江边的花林芳甸等美景。第二段写诗人在江边望月所产生的遐思冥想。第三段总写在如此情景中思妇与游子的两地相思。第四段单写思妇对游子的思念。第五段单写游子的思家之念。全诗由景入情，由客观景物转到人间离情，但始终不离题面，正如明人钟惺等人所指出的，全诗都围绕着"春""江""花""月""夜"五字做文章，扣题很紧。如果更细致地品读，则可发现全诗的核心主题只有一个，那就是"月"。"月"字在全诗中出现了十五次，即使是没有出现"月"字的一些诗句，例如"空里流霜不觉飞，汀上白沙看不见"，又如"玉户帘中卷不去，捣衣砧上拂还来"，也是运用"禁体物语"的方法来咏月的名句。

若加细读，则第一段勾勒出一个充满诗情画意的美丽境界。春季江涨，东流的江水遇到从大海西上的潮汐，互相鼓荡，浩渺无边。伴随着奔腾而来的潮水，一轮明月也从东天冉冉升起。诗人的目光随着逐渐西行的月亮溯江而上，发现千万里的江水与整个江岸都沉浸在月光之中，并与月光融成一片。全段所写的景象由大至小，由远及近，笔墨随着诗人的目光逐渐凝聚，最后集中到月光自身，好像画龙点睛。

第二段转写诗人在月下的遐想。澄澈清明、幽静寂寥的境界，最有利于人们遐思冥想。诗人面对着神奇美丽的大自然，不由得对宇宙的奥秘和人生的哲理进行一系列的追问。他最想探索的是月与人的关系：是谁最早在江畔看月？江月从何年开始照人？这样的问题当然是没有答案的，于是诗人感到一片迷惘。迷惘不是糊涂，而是对宇宙奥秘的理解和钦佩。诗人理解人生短促而宇宙永恒的道理，但他并未陷入悲观、绝望。他明白个人的生命虽然短促，但代代相继的生命却永无穷已，所以人类的存在仍是绵延长久的，他们仍能年复一年地与江月相伴。这样，诗人就跳出了生命短促所引起的悲伤主题的束缚，将自身融入了天长地久的时间长河。

第三段是一个转折。凡长诗的转折，必须承上启下，又必须转变自然。上段的末句说"但见长江送流水"，此段以"白云一片去悠悠"接之，同样是目随景移，同样是思绪远扬，况且浮云漂泊无定，正如游子之萍踪难觅，诗人自然而然地联想到相隔天涯的游子与思妇。今夜对此明月，他们当是怎样的两地相思？于是顺理成章地转折到游子、思妇月夜相思的第二主题，末句"何处相思明月楼"，下启第四段的首句"可怜楼上月裴回"，转接无痕，章法妙不可言。

第四段写思妇对游子的思念，全部情景都在高楼明月的环境中逐步展开。月光照亮了窗前的镜台，可惜思妇无心梳妆，看到镜台反而触景伤情。她想要驱走这恼人的月光，可惜月光如水，拂而不去。失望之余，她只好望月怀远。她希望随着普照大地的月光飞向远方，可惜这只是痴想而已。要想给游子寄封书信来倾诉内心的情意，可是鸿雁难以飞越那广漠无边的月光，鱼龙则潜入水底，鱼雁也无法为她传书！

第五段转写游子的月夜情思。游子远在异乡，思家心切，昨夜曾在梦中回到家乡。及至梦醒，方想到自己尚在天涯漂泊。春光将尽，良夜将逝，人生的少壮时节又能维持多久？从北方的碣石到南方的潇湘，天各一方，路远无限，自己何时才能返回家乡与妻子相聚？今夜又有几个游子能乘着月色返回家乡？从章法来看，第四、第五两段既是密切照应的，一写思妇，一写游子，两两对应，铢两悉称；又有一种递进关系，思索的范围越来越广阔，情感的程度越来越深刻。然而这一切都是在月夜相思的生动情景中自然展开的，从字面上看，每句都紧扣春江花月的具体环境，情景交融，浑然无痕。

从总体上说，《春江花月夜》是美丽自然的一曲颂歌，也是美好人生的一曲赞歌，这便是无数读者为之倾倒的主要原因。由于诗人身处盛唐前期，整个社会正欣欣向荣，因此诗人也像与他齐名的贺知章、张旭等人一样，沉浸在积极向上的浪漫主义氛围中。诗人面对着美丽的江山风月，他在精神上的所有不满和遗憾都源于自然而非社会。所以，诗中有惆怅而无悲哀，有迷惘而无痛苦。诗人的全部思考和感受都与万物的自然属性有关，诗人的所有追问都指向宇宙的奥秘，即使涉及人生，也无关社会内容。由于诗中的一切细节都被置于春江花月夜的美丽环境中，因此全诗的主体格调是轻盈、美好的。即使是悱恻感人的离愁别恨，也远未达到痛苦难忍的程度。诗人凭借着独特的构思和高超的技巧，把月光下的一切景物和望月怀远的人物有机地组成一幅美丽的图画，创造了一个如梦似幻、深邃幽美的神奇诗境。全诗赞叹自然，讴歌爱情，同时又包含对人生哲理、宇宙本源的探索追寻，充满了艺术感染力，启发我们从烦冗纷杂的尘世琐事中解脱出来，到美丽的大自然中放松身心，怡情养性，努力培养更加深邃的眼光与更加敏锐的思维。

> **思考题**

闻一多评此诗说:"这里一番神秘而又亲切的,如梦境的晤谈,有的是强烈的宇宙意识,被宇宙意识升华过的纯洁的爱情,又由爱情辐射出来的同情心,这是诗中的诗,顶峰上的顶峰。"(《唐诗杂论》)李泽厚则说:"其实,这诗是有憧憬和悲伤的。但它是一种少年时代的憧憬和悲伤,一种'独上高楼,望断天涯路'的憧憬和悲伤。所以,尽管悲伤,仍感轻快,虽然叹息,总是轻盈。它上与魏晋时代人命如草的沉重哀歌,下与杜甫式的饱经苦难的现实悲痛,都决然不同。它显示的是,少年时代在初次人生展望中所感到的那种轻烟般的莫名惆怅和哀愁。春花春月,流水悠悠,面对无穷宇宙,深切感受到的是自己青春的短促和生命的有限。它是走向成熟期的青少年时代对人生、宇宙的初醒觉的'自我意识':对广大世界、自然美景和自身存在的深切感受和珍视,对自身存在的有限性的无可奈何的感伤、惆怅和留恋。人在十六七或十七八岁,在似成熟而未成熟,将跨进独立的生活程途的时刻,不也常常经历过这种对宇宙无限、人生有限的觉醒式的淡淡哀伤么?它实际并没有真正沉重的现实内容,它的美学风格和给人的审美感受,是尽管口说感伤却'少年不识愁滋味',依然是一语百媚,轻快甜蜜的。永恒的江山,无垠的风月给这些诗人的,是一种少年式的人生哲理和夹着感伤、怅惘的激励和欢愉。……闻一多形容为'神秘''迷惘''宇宙意识'等,其实就是说这种审美心理和艺术意境。"(《美的历程》)你同意这些评价吗?为什么?

望洞庭湖赠张丞相

[唐] 孟浩然

八月湖水平，涵虚混太清。
气蒸云梦泽，波撼岳阳城。
欲济无舟楫，端居耻圣明。
坐观垂钓者，徒有羡鱼情。

　　此诗作于唐玄宗开元二十五年（737），当时孟浩然应荆州长史张九龄之辟任州从事，因事东行途经岳阳。张九龄曾于开元二十一年至二十四年（733—736）任丞相，故诗题称九龄为"张丞相"。孟诗中另有六首的题中言及"张丞相"，皆指张九龄。旧说此处"张丞相"指张说，不确。弄清这个写作背景之后再来解读此诗，就能迎刃而解了。

　　诗题可分为两截，正文也可分为两截，故清人黄生称此诗为"前后两截格"（《唐诗摘钞》）。"望洞庭湖"四字是前半首所写的内容，"赠张丞相"四字则是后半首表达的旨意。前半首对洞庭湖的描写，向称绝唱。后人把此诗与杜甫的《登岳阳楼》都写成诗牌悬于岳阳楼中，宋人方回赞曰："后人不敢复题也！"（《瀛奎律髓》）首联写湖水满盈，望去水天一色。首句貌似毫不经意，实见锤炼之功，"平"即湖水与岸持平，也即湖水浩淼之意。"八月"二字，亦非闲字，只有经过夏秋水涨的洞庭，才会如此。闻一多称赞孟诗"淡到看不见诗"，此句就是一例。后半首转到"赠张丞相"的旨意来，其实就是婉转地请求张九龄识拔、汲引自己。张九龄其人，一向礼贤下士，平生汲引贤才甚多。此时虽已罢相，但威望未减，对于从来未沾禄命的孟浩然来说，仍然是理想的干谒对象。干谒主题自身并不足道，此诗的妙处在于诗人把这层意思表达得委婉含蓄，而且与"望洞庭湖"的主题密切结合。由于前半首用全力描写洞庭湖之广阔浩淼，第五句说"欲济无舟楫"就是合情合理的引申，一语双关，表面上是说无舟渡湖，骨子里表达自己身世贫寒无人引荐入朝。如此过渡，把两个截然不同的主题巧妙地绾合起来，真乃天衣无缝。最后两句再次回到望湖主题上，说自己在湖边看到别人垂钓的鱼，徒生歆羡，这又是一语双关，是用比兴手法表达干谒主题。把一首具有双重主题的诗写得如此浑然一体，真是难能可贵。

题破山寺后禅院

[唐] 常建

清晨入古寺，初日照高林。
曲径通幽处，禅房花木深。
山光悦鸟性，潭影空人心。
万籁此都寂，但余钟磬音。

　　破山寺在今江苏常熟虞山，是一个驰名远近的古寺，又位于山清水秀的江南。常建对这座名刹早已心驰神往，故清早即前往观赏。
　　首句点明时间，次句写入寺所见，作者没有写古寺佛殿的宏伟与庄严，而去写那初升的太阳和高耸的树林，说明诗人此行的主要目的不在礼佛，而在观景，所以更留意寺外清幽绝俗的自然环境。接下来作者采用移步换景之手法写禅房的幽静：在茂密的竹丛中间有一条小径，延伸到很远的地方，寺院的禅房正在幽深的浓密花丛之中。"深"字不仅写出了禅房的幽深清雅，也体现出诗人自己内心深处的幽远情怀。阳光明媚，连鸟儿也怡然自乐。其实，这哪里是鸟儿之乐，这是诗人内心之乐！此时此刻，诗人已把自己的主观感受寄寓于那些或飞或鸣的鸟儿。如果说这是从侧面写诗人之乐的话，那么，"潭影空人心"

则是正面写诗人在这特定环境之下的感受。这山光水色使人杂念顿消，心净若空，红尘世界的一切诱惑都不复存在。诗人既已达到"心与境静"的境界，便觉得山间万籁俱寂，只有那悠扬的钟声从寺里传来，仿佛在诉说着淡泊幽远的情思。

此诗通过写清晨游寺的经过，层层深入，着力营造了一个幽深静寂的意境，在此过程中，诗人内心的杂念也被这环境的幽深明净一层层地剥除，最终，归于清静，归于安宁，在天人合一的自然环境中安寄灵魂。

次北固山下

[唐] 王湾

客路青山外，行舟绿水前。
潮平两岸阔，风正一帆悬。
海日生残夜，江春入旧年。
乡书何处达？归雁洛阳边。

此诗作于唐玄宗开元元年（713）岁末，时王湾进士及第后东游江南至润州（今江苏镇江），北固山位于润州江边。十来年后，宰相张说将此诗颈联题于政事堂，"每示能文，令为楷式"（《河岳英灵集》）。后人论及此诗，或兼赏中间二联，但最赞赏的还是颈联，可见此联是全诗中最为警策的名句。今人刘学锴先生对此联的评语十分中肯，他说："'海日生残夜，江春入旧年'却并不是对'海上之日未旦而生，江南之春方冬而动'的一般化表述，而是异常警切地表达了诗人对上述景象的全新诗意感受。关键就在于诗人在'海日'与'残夜'、'江春'与'旧年'这两组原本似乎对立的景象之间，分别用一'生'字、一'入'字加以连接，创造出全新的对立统一的诗境。使人突出地感受到，那光华璀璨的一轮海日，好像突然从残夜中涌现出来，光明代替黑暗，仿佛只是转瞬间发生的事；而那江南的和煦春意也好像等不及新年的到来，早早地进入了旧年。这是一个长期生活在北方内地的人初次来到江南滨海地区，第一次看到海上日出、感到江南春早时非常新鲜奇异的诗意感受。"（《唐诗选注评鉴》）

思考题

此诗有一种异文："南国多新意，东行伺早天。潮平两岸失，风正数帆悬。海日生残夜，江春入旧年。从来观气象，唯向此中偏。"你认为哪一种文本更好？为什么？

使至塞上

[唐] 王维

单车欲问边，属国过居延。
征蓬出汉塞，归雁入胡天。
大漠孤烟直，长河落日圆。
萧关逢候骑，都护在燕然。

唐玄宗开元二十五年（737）三月，河西节度使（使府在凉州）崔希逸率军大破吐蕃。初夏，王维奉命至凉州（今甘肃武威）劳军，乃作此诗。

此诗的写景非常成功，颈联乃传诵千古之名句。"大漠"就是腾格里沙漠，"长河"不是黄河，而是流经凉州的一条内陆河，在唐代叫作马城河，现在则一段叫石羊河，另一段叫杂木河。从写景角度来看，此联的优点在于诗中有画，以极其简洁的笔墨写出了雄浑壮丽的大漠风光。王维既是著名的山水诗人，又是著名画家，此联正是"诗中有画"的典范例子。荒凉的大漠风光色彩单调，此联把刻画的重点放在景物的线条上，故用"直"字描写"大漠孤烟"，用"圆"字描写"长河落日"，就是突出线条这种绘画技法。当王维描写色彩丰富的江湖时，就格外强调色彩，他还曾写出"日落江湖白，潮来天地青"（《送邢桂州》）的名句。

  阅读此诗，还需要留意古诗的具体发生背景。以此诗为例，第五句中的"孤烟"到底指什么？清人赵殿成为王维的诗作注，提出两种解释：一是烽火台上的烽烟，也即"狼烟"；二是沙漠里的旋风刮起的沙柱。但是后者是一种天气现象，只有在炎热的中午时分才可能产生，在"长河落日圆"的薄暮是绝无可能的。至于前者，今人或提出质疑，说烽火不可能使用狼粪，因为狼粪是点不着火的。然而唐代杜佑的《通典》以及宋代曾公亮的《武经总要》等书里说得清清楚楚，确实是用干狼粪点火的，当然不仅是狼粪，还有干牛粪和枯枝干草，掺杂在一起来点火。白天阳光很亮，在烽火台上点燃火把，远处看不清楚，必须靠升上高空的烟柱才能向远处传递信息。在枯枝干草中掺进干狼粪、干牛粪，熏出来的烟粒很粗，升起的烟柱既浓黑，又不容易被风吹散。"烽火"是中国古人的一个天才发明。古代没有电话电报，怎么传递非常紧急的军事情报？于是古人发明了烽火，相隔十几里建立一个烽火台，后方的台上一看到前方的烽火，立刻跟着点火，依次往后方传递。火光是以光速传递的，就能把消息迅速地传到后方。烽火在先秦的《墨子》中就有记载，《史记·周本纪》也记载说周朝就有烽火。到了唐代，烽火台的制度更加细致。《通典》是记载唐代典章制度的著作，书中把唐代烽火台的制度写得清清楚楚：唐代的烽火台从边疆开始设置，一座接着一座，直到长安。黑夜举火，白天燃烟。一旦前线发生危险，就点两把火。如果发生极其紧急的情况，就点三把火。如果太平无事，也要在一早一晚的规定时刻各点一把火，表示平安。这一把火传到长安，朝廷就知道前线平安无事，所以叫作"平安火"。王维诗中所写的一缕孤烟，就是黄昏时分的那把"平安火"。所以此句不仅是写景，也是歌颂唐军取得大捷后边境平安，这是写景诗中的盛唐气象！

思考题

《红楼梦》第四十八回写香菱评论此诗说："想来烟如何直？日自然是圆的。这'直'字似无理，'圆'字似太俗。合上书一想，倒像是见了这景的。要说再找两个字来换这两个，竟再找不出两个字来。"你同意这种说法吗？

竹里馆

[唐] 王维

独坐幽篁里，弹琴复长啸。
深林人不知，明月来相照。

王维诗才早熟，二十一岁即状元及第，入仕后亦锐意进取。他三十五岁时得到贤相张九龄的赏拔，曾献诗张九龄曰："所不卖公器，动为苍生谋。"（《献始兴公》）可惜不久张九龄就被奸臣李林甫排挤出朝廷，玄宗朝的政治从此走向衰落。王维对此非常失望，遂于四十四岁那年在蓝田县购置田地，筑辋川别业，从此过着半官半隐的生活。他在那里写了二十首五言绝句，题作《辋川集》，本诗就是其中之一。

此诗描写诗人徜徉山林的情景：环境幽僻寂静，又值夜间，诗人独自端坐在幽深的竹林中弹琴，四周寂寥无人，只有透过浓密枝叶的月光照在他身上。这是表达安闲舒适的心态吗？多半不是。古人弹琴，尤其是在夜间独自弹琴，多为诉说内心的思绪。魏人阮籍诗云："夜中不能寐，起坐弹鸣琴。薄帷鉴明月，清风吹我襟。孤鸿号外野，翔鸟鸣北林。徘徊将何见？忧思独伤心。"（《咏怀》）王诗虽然没有明言有所忧思，但他在夜间走到竹林里独坐弹琴，又继以长啸，难道内心竟无一丝波澜？王维于同时期所作的《酬张少府》中说："自顾无长策，空知返旧林。"可见他之归隐辋川，是对朝政完全失望后的不得已之举。此诗描写一处幽深、寂寥的山林，其实也是营构了一个逃避喧嚣人世的精神避难所。当我们在人生道路上遇到挫折时，不妨像王维这样到山林中徜徉、静居一段时间，大自然不但是人类在物理空间意义上的栖居之地，也是我们寻求心灵抚慰的精神家园。

峨眉山月歌

[唐]李白

峨眉山月半轮秋，影入平羌江水流。
夜发清溪向三峡，思君不见下渝州。

此诗作于唐玄宗开元十二年（724），时李白沿江出蜀。

此诗尾句中的"君"字究系何指？今人多谓指友人，如郑文、郁贤皓、周啸天等；古人则多谓指月，明人唐汝询云："'君'者，指月而言。清溪、三峡之间，天狭如线，即半轮亦不复可睹矣。"（《唐诗解》）清人沈德潜、黄叔灿等皆从此说（《唐诗别裁集》《唐诗笺注》）。笔者同意后者，因为此解使全诗意脉流畅，正如清人李锳所云："此就月写出蜀中山峡之险峻也。在峨眉山下，犹见半轮月色，照入江中。自清溪入三峡，山势愈高，江水愈狭，两岸皆峭壁层峦，插天万仞，仰眺碧落，仅馀一线，并此半轮之月亦不可见，此所以不能不思也。'君'字指月也。"（《诗法易简录》）假如"君"字指友人，则诗题中宜有"寄某某"字样，否则前三句皆为咏月，突然在尾句中阑入一个意指友人的"君"字，难免显得突兀、生硬，与清新流畅的全诗风格不合。将尾句解作思念不复可见的峨眉山月，则全诗意脉贯注，姿态流动，如出天籁。

此诗寥寥四句，却包含着五个地名，这个特点一望即知。一首短诗中有如此密集的同类意象，很容易造成意象堆垛、意脉滞碍的缺点。清人赵翼在《瓯北诗话》卷十二中"诗病"一节，列举了"张谓《别韦郎中》诗，八句中五地名。卢象《杂诗》，八句中四地名。王昌龄《送朱越》一绝，四句中四地名。孟浩然《宴荣山人池亭》律诗，七句中用八人姓名"等例子，并断然下结论曰："究是诗中之病。"对于李白此诗，赵翼则认为是个不足为训的例外："四句中用五地名，毫不见堆垛之迹，此则浩气喷薄，如神龙行空，不可捉摸，非后人所以模仿也。"那么为何李白此诗能达到不同寻常的艺术效果呢？明人王世贞云："此是太白佳境，然二十八字中，有峨眉山、平羌江、清溪、三峡、渝州，使后人为之，不胜痕迹矣。益见此老炉锤之妙。"（《艺苑卮言》）清人宋顾乐则认为："此诗定从随手写出，一经炉锤，定逊此神妙自然。"（《唐人万首绝句选评》）考虑到李白挥洒自如的创作方式，此诗又是其早年所作，后一种解释更加合理。"月是故乡明"（杜甫《月夜忆舍弟》），李白以蜀人自居，峨眉山月就是其故乡明月，当然在他心中具有格外重要的意义。当他登舟离蜀之际，举头望见峨眉山头那半轮明月，低头又见月影随着江水滟滟流动（平羌江即沿着峨眉山东流的青衣江），恋乡之情溢于言表。"峨眉山"与"平羌江"虽是地名，但在此处却都是眼前景物即"月"与"江水"的修饰语。"清溪"当是平羌江边的一个渡口或驿站，即诗人的登舟之处。诗人夜发清溪驶向三峡，沿途两岸之山越来越高峻险峭，天上的半轮明月终于隐没不见，于是逼出感慨万分的尾句："思君不见下渝州。""清溪""三峡""渝州"三个地名分别是诗人此行的始点、中点与终点，它们散落句中，伴随着诗人的行踪相继出现，充满着动态之美，毫无堆垛之感。所以说，此诗是一首触景生情、直抒胸臆的好诗,而并非刻意安排、多方锤炼而成。

陆游有言:"文章本天成,妙手偶得之。"(《文章》)《峨眉山月歌》就是青年李白妙手偶得的一首好诗,它基本上是不可重复的。即使李白本人在多年之后重写同样的主题,例如唐肃宗上元元年(760)所写的《峨眉山月歌送蜀僧晏入中京》也未能成功,就是明确的证明。

延伸阅读

李白《峨眉山月歌送蜀僧晏入中京》:"我在巴东三峡时,西看明月忆峨眉。月出峨眉照沧海,与人万里长相随。黄鹤楼前月华白,此中忽见峨眉客。峨眉山月还送君,风吹西到长安陌。长安大道横九天,峨眉山月照秦川。黄金狮子乘高座,白玉麈尾谈重玄。我似浮云殢吴越,君逢圣主游丹阙。一振高名满帝都,归时还弄峨眉月。"

渡荆门送别

[唐] 李白

渡远荆门外，来从楚国游。
山随平野尽，江入大荒流。
月下飞天镜，云生结海楼。
仍怜故乡水，万里送行舟。

此诗作于唐玄宗开元十二年（724），时李白出蜀东游到达宜都（今属湖北）。荆门是山名，位于宜都的长江南岸，与江北的虎牙山隔江相对，是古代楚国的西塞。

阅读此诗，应注意两点。第一是李白此次的行程：李白从江油出发，先沿岷江南行，至戎州后沿长江东行，经过渝州、夔州，然后穿过三峡，两岸重岩叠嶂，"自非亭午夜分，不见曦月"。及至峡州、宜都，崇山峻岭突然不见，眼前出现了广阔无际的江汉平原。次联所写，就是诗人出峡后站在船头所见的景象：群山随着平原的出现而消失，大江则摆脱了山岭的束缚而畅快地流进莽莽苍苍的原野。第三联写诗人上下眺望的印象：天上的月亮映入江水，好像飞镜从天而下；辽阔的江面上彩云层积，如同海市蜃楼。两联所写的景象，都带有诗人刚从重岩叠嶂的包围中突围而出、视野豁然开朗的新奇、惊喜之感。蜀人乘舟出峡初到江汉平原，都有这种感觉，之前陈子昂的诗中也有类似的描写，李白写得格外生动，所以真切动人。

第二，此诗的题目中"送别"二字，后人议论纷纷。明人唐汝询、清人沈德潜等皆怀疑是衍文，因为诗中并无送别他人之意。今人富寿荪、刘学锴则认为"送别"不是指李白送别他人，而是说故乡的山水一路为李白送行。从尾联来看，后一种解说比较合理。唐人把岷江认作长江源头，对于自幼生活在岷江边的李白来说，长江就是他的故乡之水。李白此次行程的起点是岷江边的江油，终点是长江边的荆门，万里长江一路相随，这江水是为何人送行呢？当然应是诗人自己。"渡远荆门外"以后，李白"来从楚国游"，此后在安陆（今属湖北）定居十年。所以李白对一路相伴的故乡之水满心爱怜，尾联就是他对长江的告别、致谢之词。

蜀道难

[唐] 李白

噫吁嚱，危乎高哉！蜀道之难，难于上青天！
蚕丛及鱼凫，开国何茫然！
尔来四万八千岁，不与秦塞通人烟。
西当太白有鸟道，可以横绝峨眉巅。
地崩山摧壮士死，然后天梯石栈相钩连。
上有六龙回日之高标，下有冲波逆折之回川。
黄鹤之飞尚不得过，猿猱欲度愁攀援。
青泥何盘盘，百步九折萦岩峦。
扪参历井仰胁息，以手抚膺坐长叹。

问君西游何时还？畏途巉岩不可攀。
但见悲鸟号古木，雄飞雌从绕林间。
又闻子规啼夜月，愁空山。
蜀道之难，难于上青天，使人听此凋朱颜！
连峰去天不盈尺，枯松倒挂倚绝壁。
飞湍瀑流争喧豗，砯崖转石万壑雷。
其险也如此，嗟尔远道之人胡为乎来哉！

> 剑阁峥嵘而崔嵬，一夫当关，万夫莫开。
> 所守或匪亲，化为狼与豺。
> 朝避猛虎，夕避长蛇，磨牙吮血，杀人如麻。
> 锦城虽云乐，不如早还家。
> 蜀道之难，难于上青天，侧身西望长咨嗟！

《蜀道难》的主题，众说纷纭，影响较大的有以下几种：一是讥刺当时镇守蜀郡的地方长官严武，二是讥刺镇蜀的章仇兼琼，三是为寓居蜀中的友人房琯、杜甫担忧，四是为唐玄宗西奔入蜀而担忧，五是比喻自己求取功名之艰难。由于此诗最早见载于《河岳英灵集》，此集成书于唐玄宗天宝十二年（753），而严武、章仇之守蜀，唐玄宗之奔蜀，以及房琯、杜甫之寓蜀，皆发生在天宝十五年（756）安史之乱爆发之后，故前四说不攻自破。第五种说法的根据仅有南朝诗人阴铿《蜀道难》诗中的"蜀道难如此，功名讵可要"之句，以及中唐诗人姚合《送李馀及第归蜀》诗中的"李白蜀道难，羞为无成归"之句，理由也很不充分。要想准确理解此诗，首先要顾及两个前提。第一，《蜀道难》是南朝乐府古题，今存同题诗作尚有梁简文帝的二首、刘孝威的二首、阴铿的一首，内容皆是形容蜀道之险阻难行，李白是依古题进行创作。第二，据孟棨《本事诗》、王定保《唐摭言》的记载，李白于天宝元年（742）应诏进入长安，贺知章对其《蜀道难》大加赞赏，可见此诗作于此前，它与安史之乱引起的社会现象均无关系。

《蜀道难》主要写了以下内容：一是蜀道之艰险难行，二是蜀中险阻易致割据，三是劝阻别人入蜀。第一点本是这个乐府古题的题中应有之义，故刘孝威、阴铿等人的同题之作皆是如此。第二点在前人的同题之作中未有涉及，但是晋人张载的《剑阁铭》中亦云"形胜之地，非亲勿居"，可见蜀地易生割据的观点古已有之。第三点无法得知是针对何人，"问君西游何时还"以及"锦城虽云乐，不如早还家"等句表明此人当是李白所关心之人，多半是其挚友，而此诗写作地点则多半是在长安。但是也有可能这是李白的虚拟之词，是假托劝阻友人游蜀从而渲染蜀道之艰难。李白将这三个内容完美地结合起来，不但超越了乐府古题的固有疆域，而且突破了一般山水诗的普遍模式，从而具有强烈的独创意义与个人风格。

全诗从蜀道开辟的历史写起，充分运用历史记载与神话故事，为蜀道增添了茫昧幽渺的神秘色彩。他用极度夸张的手法描写蜀道之艰难险阻，既有从鸟兽到人类都难以度越的渲染，又有空山夜月等幽深景象的烘托，对登山者屏息凝气的心理刻画尤其令人触目惊心。他又用毒蛇猛兽磨牙吮血的恐怖景象来形容蜀地割据者的狞厉凶恶，从而表示劝阻他人入蜀之意。凡此种种，从不同的角度渲染气氛，营构意象，于是全景式地展现了蜀道那特有的雄奇险峻、幽深冷峭之美。不但如此，此诗还淋漓尽致地表达了诗人对于蜀道的复杂心态，既有欣赏与赞美，也有恐惧与忧思。换句话说，此诗不但展现了千里蜀道的壮丽山川，而且投射了李白悲壮历落的主观情志。诗中对蜀道之难反复嗟叹，这绝非普通的山水诗所能具有的强烈情绪。

李白的一生几乎大半时间都在漫游之中。李白热爱祖国的大好河山和自然风物，他以敏锐的审美眼光对这些美好事物予以热情的歌颂，所以李白的漫游总是伴随着吟咏，凡是他游览过的名山大川，都成为其诗歌中的优美意象。李白不以山水诗著称，但他的山水诗成就并不亚于王维、孟浩然，一来李白游踪广泛，他又特别钟情于壮丽奇伟的名山大川，所以他的山水诗意境更加开阔，风格更加雄伟；二来李白胸襟阔大，情感热烈，他用满腔热情去拥抱山川风物，他的山水诗的抒情意味格外浓烈，从而与王、孟等人的山水诗大异其趣。《梦游天姥吟留别》《庐山谣寄卢侍御虚舟》等诗皆是如此，《蜀道难》更是这方面的扛鼎之作。

梦游天姥吟留别

[唐] 李白

　　海客谈瀛洲，烟涛微茫信难求；越人语天姥，云霞明灭或可睹。天姥连天向天横，势拔五岳掩赤城。天台四万八千丈，对此欲倒东南倾。

　　我欲因之梦吴越，一夜飞度镜湖月。湖月照我影，送我至剡溪。谢公宿处今尚在，渌水荡漾清猿啼。脚著谢公屐，身登青云梯。半壁见海日，空中闻天鸡。千岩万转路不定，迷花倚石忽已暝。熊咆龙吟殷岩泉，栗深林兮惊层巅。云青青兮欲雨，水澹澹兮生烟。列缺霹雳，丘峦崩摧。洞天石扉，訇然中开。青冥浩荡不见底，日月照耀金银台。霓为衣兮风为马，云之君兮纷纷而来下。虎鼓瑟兮鸾回车，仙之人兮列如麻。忽魂悸以魄动，恍惊起而长嗟。惟觉时之枕席，失向来之烟霞。

　　世间行乐亦如此，古来万事东流水。别君去兮何时还？且放白鹿青崖间，须行即骑访名山。安能摧眉折腰事权贵，使我不得开心颜？

此诗大约作于唐玄宗天宝五年（746），时李白即将离开东鲁南下会稽（今浙江绍兴），作此留别东鲁友人。与《蜀道难》一样，此诗也具有多重主题。它是一首山水诗，淋漓尽致地描写了天姥山高耸天外、烟云明灭的奇丽景色。它也是一首游仙诗，诗人进入迷离恍惚的神仙境界，不但众仙罗列，而且驾奇兽、乘风云，升天入地，遨游六合。它还是一首咏怀诗，充分展现了诗人厌恶权贵、追求精神自由的壮伟人生理想。当然，正如题目所示，它也是一首记梦诗，天姥风光以及神仙境界都是在梦中展开的，全诗的主干部分都在描写梦境。尽管有多重主题，却丝毫没有散乱零碎之弊，全诗的意境浑然一体，主旨鲜明凝练，意脉清晰，层次分明，非天才孰能至此！

全诗分三大段，开头八句是第一段，中间三十句是第二段，结尾七句是第三段。从表面上看，第二段是对梦境的正面描写，从入梦开始，以梦醒作结，扣题最紧，用力也最巨，堪称全诗的躯干。然而事实上一、三两段也绝非等闲笔墨，前者交代做梦之缘由，后者补充梦醒后之感想，正是它们使记梦主题得到更加匝周圆满的表现。第一段交代此诗的写作背景：天宝三年（744），李白被唐玄宗赐金放还，从而摆脱了御用诗人的桂冠回到民间。这意味着李白"奋其智能，愿为辅弼，使寰区大定，海县清一"的政治理想彻底破灭了。朝廷政治的黑暗腐朽，帝都生活的骄奢淫逸，勾心斗角的人际关系，虚情假意的无聊应酬，这一切都使李白感到无比憎恶。远离京城势必回归江山自然，远离尘俗势必导向神仙境界。正是在这样的心态下，当李白听到"海客谈瀛洲"与"越人语天姥"时，便感到格外亲切，无比向往。限于现实条件，前者渺茫难求而后者尚可亲历，于是李白便把兴趣集中于人间的名山，甚至来不及准备车马舟楫，便在梦中匆匆前往。第三段则从梦境中获得人生启迪，梦中的种种美好事物，种种愉快经历，一旦醒来便全归空无。世间的享乐生活，包括功名富贵，也都是黄粱一梦而已！于是诗人更加坚定地唾弃功名富贵，更加骄傲地蔑视王公贵族，他决心骑白鹿、访名山，去追求精神自由，去寻找理想境界。有了这一首一尾的铺垫与归纳，我们才能更好地理解中间一段对梦境的具体描写：似真似幻，恍惚迷离，现实世界中何处有如此景象？神仙群现，熊虎毕现，这到底是在天上还是人间？原来这一幅幅烟云明灭、变幻莫测的神奇山水画是李白用惊人的想象力虚构出来的，它们其实是存在于李白心中的理想境界。正因如此，此诗集山水、游仙、咏怀、记梦等主题于一体，却显得如此和谐、浑成。唯其如此，经历了奇山异水的诗人刚从梦中醒来，便倾吐出满腹牢骚："安能摧眉折腰事权贵，使我不得开心颜？"

阅读《梦游天姥吟留别》《蜀道难》等诗，应注意到它们不但展现出神奇壮伟的自然风景，而且倾泻着诗人的情思，展现着诗人的胸怀，从而使奇丽雄伟的山川风物与超凡脱俗的精神气概融为一体，这在盛唐山水诗中别开生面，是李白对山水诗的巨大贡献。

行路难（其一）

[唐] 李白

金樽清酒斗十千，玉盘珍羞直万钱。
停杯投箸不能食，拔剑四顾心茫然。
欲渡黄河冰塞川，将登太行雪满山。
闲来垂钓碧溪上，忽复乘舟梦日边。
行路难，行路难，多歧路，今安在？
长风破浪会有时，直挂云帆济沧海。

李白的人生道路并不一帆风顺，而是充满着坎坷和挫折，但他从不灰心丧气，从不妄自菲薄。"天生我材必有用！"（《将进酒》）李白就是怀着这样的坚定信念走完人生道路的。人生在世，难免会遇到坎坷和挫折，意志不够坚定的人往往因此而失去信念。李白则不然。李白写过三首《行路难》，其二中悲叹说："大道如青天，我独不得出。"可见其境遇是多么不顺利。然而他的完整想法则见于此诗。

人称"酒仙"的李白面对着美酒珍肴，为何无心享用？实因命途多舛。黄河冰塞，太行雪满，舟行、陆行皆无可能。诗人不由得连声高呼"行路难"。然而他忽又转念，想到古代的吕尚、伊尹也曾落魄不偶，但一旦风云际会，随即功成名就；又想到南朝宗悫"愿乘长风破万里浪"的名言，便安慰自己，此生一定会有乘风破浪、横渡沧海的一天。由此看来，李白诗歌的意义不仅在于鼓励读者努力奋斗，争取建功立业，还告诉人们即使人生道路多般不顺，也要保持人生的信念。换句话说，我们在任何境遇下都不应丧失志气和希望，在人生的任何阶段都应该保持意气风发、勇往直前的精神状态。在这个意义上，李白的诗歌是永远激励我们前进的"励志诗"。

春夜洛城闻笛

[唐]李白

谁家玉笛暗飞声,散入春风满洛城。
此夜曲中闻折柳,何人不起故园情。

《折杨柳》是古代著名的笛曲,曲中寓有思念故乡的情思,王之涣的诗句"羌笛何须怨杨柳"(《凉州词》)就指此曲而言。李白在开元年间云游四海,大约在开元二十三年(735)来到洛阳,此时距他仗剑出蜀已逾十年。在一个春风浩荡之夜,李白忽然听到夜空中传来一阵笛子吹奏的《折杨柳》曲,顿生乡思。因是黑夜,笛声又随风飘散,故无法辨别其来源方向,首句先问"谁家",又称"暗飞声",即是夜中闻曲的真切感受。次句承接而下,说笛曲散入春风,洒满洛城。一人吹笛,其声何至于散满洛城?如此夸张,一是突出春风浩荡与笛声高亢,二是强调此曲感染力之强大。三、四句从而抒感,本是说自己今夜闻笛而生乡思,却偏偏诘问何人能不思念故乡。这一问问得好,既强调了乡愁之无计可避,又包含推己及人的深情念想。此句在章法上与次句遥相呼应:既然此曲随着春风散满洛城,被它触动乡愁的人当然不计其数。就诗意而言,此句意谓今夜还有多少人与我一样,在黑夜中听曲思乡啊！夜中闻曲，本是一个难写之题。此诗既生动地描写了笛声，又真切地抒发了闻曲之感受，堪称成功的绘声之诗。

思考题

本书还选了李益的《夜上受降城闻笛》，其主题也是夜间闻笛而思乡。李白此诗作于盛唐的开元盛世，地点则是中原的洛阳。李益的诗作于中唐的动荡时代，地点则是塞外的受降城。试以这两首诗为例，说说不同的时空背景对相似主题的诗歌有着怎样的影响。

将进酒

[唐] 李白

君不见黄河之水天上来，奔流到海不复回。
君不见高堂明镜悲白发，朝如青丝暮成雪。
人生得意须尽欢，莫使金樽空对月。
天生我材必有用，千金散尽还复来。
烹羊宰牛且为乐，会须一饮三百杯。
岑夫子，丹丘生，将进酒，杯莫停。
与君歌一曲，请君为我倾耳听。
钟鼓馔玉不足贵，但愿长醉不愿醒。
古来圣贤皆寂寞，惟有饮者留其名。
陈王昔时宴平乐，斗酒十千恣欢谑。
主人何为言少钱，径须沽取对君酌。
五花马、千金裘，呼儿将出换美酒，与尔同销万古愁。

　　李白的一生，潇洒倜傥，无拘无束，飘飘然有神仙之概。他在长安初识贺知章，后者就称他为"天上谪仙人"。李白还有两个广为人知的称号，一是诗仙，二是酒仙。"诗仙"容易理解，李白锦心绣口，出口成章，诗风又飘逸奔放、潇洒绝俗，非诗仙而何？那么"酒仙"呢？必要条件当然是豪饮。李白的诗中经常写到酒，据统计，总量不足千篇的李白诗中，"酒"字有一百一十五个，写到饮酒题材的诗则有三百二十二首，确实数量惊人。更重要的是，李白对酒一往情深。此诗云："人生得意须尽欢，莫使金樽空对月。"《襄阳歌》则云："舒州杓，力士铛，李白与尔同死生。"他竟然愿意与酒器同生共死！李白为什么嗜酒如狂？此诗中说是为了"与尔同销万古愁"。如果仅仅是饮酒浇愁，常人皆能做到，并无特别的价值。李白的可贵之处在于，他的饮酒是一种包含精神追求的文化活动，并且常与写诗紧密结合。正像杜甫所说，"李白一斗诗百篇"（《饮中八仙歌》），饮酒使李白热血沸腾，心潮汹涌，处于一种亢奋、昂扬的精神状态，那正是他写诗的最佳时机。酒醉激发了李白的批判意识和反抗精神，为他增添了控诉黑暗现实的勇气，也助长了他抒写磊落胸怀的豪情。正是在酣醉的状态下，李白伸出脚去让高力士脱靴。也正是在酣醉的状态下，李白奋笔直书，痛骂"董龙更是何鸡狗"（《答王十二寒夜独酌有怀》）。醉后的李白思绪激荡，想落天外，灵感如潮，妙趣横生。要不是把酒对月，李白怎会在《把酒问月》中想入非非地诘问"白兔捣药秋复春，嫦娥孤栖与谁邻"？要不是酩酊大醉，李白怎能在《宣州谢朓楼饯别校书叔云》中声称"俱怀逸兴壮思飞，欲上青天揽明月"？

　　尼采说古希腊的酒神专管音乐艺术，日神才掌管诗歌。李白的例子说明中国古代的酒神与诗神是两位一体，不可分离的。我们为什么要读李白的饮酒诗？当然不是要像他一样终日酣醉，而是想从中获取强烈的精神感染和深刻的思想启迪。因为那些诗歌创造了超凡脱俗的神奇境界，包蕴着上天入地的探索精神，多读此类诗歌，可以激励我们的人生意志，提升我们的人生境界，可以使我们在日常行为中保持意气风发而消除萎靡不振，在人生境界上追求崇高雄伟而唾弃卑微庸俗，在思想意识上坚持自由解放而拒绝作茧自缚。

　　这是李白留给我们的巨大精神财富。从这个意义上说，这首《将进酒》就是李白留给我们的最好的祝酒词！

送友人

[唐] 李白

青山横北郭，白水绕东城。
此地一为别，孤蓬万里征。
浮云游子意，落日故人情。
挥手自兹去，萧萧班马鸣。

此诗题中未言友人之名，诗中也未交代送别之时间、地点，是一首抽象的送别之诗。全诗的写法也纯从侧面落笔，有意避开正面的叙事与抒情。

首联写地理环境，但此处的青山、白水皆是诗人与友人眼中所见之景：山横北郭，当是送行时从北郭出城，故突兀见此青山；水绕东城，则是河水绕城而流，颇有恋恋不舍之意。次联写友人即将远行，从此万里漂泊。全联中的物象仅有"孤蓬"一物，由于孤蓬是随风飘扬之物，用以比喻远行之游子十分真切。而且此句隐含诗人目送友人远行且关切其行踪飘忽之意，堪称情见言外。第三联连用两个比喻：浮云随风飘飞，行踪无定，颇似游子的远游之意；落日徐徐而下，不肯遽落，好像故人的送别之情。末联写到双方挥手作别，却又一字未及别情，只写即将离群之马萧萧而鸣，似有无限情思。

诗人送别之情深切感人，但全是用烘云托月的手法予以表达，故不失潇洒之风，这是体现李白独特个性的送别诗。

闻王昌龄左迁龙标遥有此寄

[唐] 李白

杨花落尽子规啼,闻道龙标过五溪。
我寄愁心与明月,随君直到夜郎西。

唐玄宗天宝六年(747),正在江宁(今江苏南京)丞任上的王昌龄被贬为龙标县县尉,龙标位于今湖南西部的黔阳县,王昌龄也因此被称为"王龙标"。当时李白正在江东漫游,闻知此讯,作诗寄王。龙标在唐代是所谓的蛮荒之地,荒凉僻远。从江宁前往龙标,要经过千山万水。史载王昌龄被贬的罪名是"不护细行",基本上属于无罪被诬,故李白为其抱屈。此诗并未言及此意,只是对王昌龄被贬僻远表示深切的同情。首句写时令,杨花落尽,也即百花凋零的暮春。子规啼,更意味着春天的消逝。这当然是实际时令的表征,但也意味着诗人心情的黯淡凄凉。诗中写到五溪与夜郎两个地名,大有深意。五溪位于今湖南、贵州交界处,素为蛮夷所居,在中原人眼中属于瘴疠之地。李白强调王昌龄被贬必须路经五溪,即是哀伤友人远谪蛮荒。夜郎是唐代的县名,位于今日湖南怀化之芷江县,也即唐代龙标县之西近百里。但夜郎也为汉代的一个小国之名,是成语"夜郎自大"的发生地。诗中用"夜郎西"来代指龙标，也是极力夸张王昌龄谪地之遥远荒僻，已在化外。王昌龄的谪地如此遥远荒凉，李白当然无法一路相送，于是他把一颗愁心寄托给天上的一轮明月，"月行却与人相随"，就让那轮明月代替我陪伴着友人一路西行吧！

黄鹤楼

[唐] 崔颢

昔人已乘黄鹤去,此地空余黄鹤楼。
黄鹤一去不复返,白云千载空悠悠。
晴川历历汉阳树,芳草萋萋鹦鹉洲。
日暮乡关何处是?烟波江上使人愁。

此诗是久负盛名的唐诗名篇,宋人严羽说:"唐人七言律诗,当以崔颢《黄鹤楼》为第一。"在王兆鹏的《唐诗排行榜》中,此诗更是高居百篇唐诗名篇之冠。关于此诗的评语极多,参阅甚易,不再重复。值得关注的倒是诗中的异文,对我们阅读古诗具有较大的方法论参考意义。根据《唐诗排行榜》中的统计,《黄鹤楼》在古代唐诗选本中入选十七次,在现代唐诗选本中入选二十四次。频繁地入选选本对此诗产生了不利的影响,那便是文本的变异。《黄鹤楼》一诗有多处异文,其中最重要的是首句。语文课本所选者作"昔人已乘黄鹤去",其实有误。从唐人选本《国秀集》《河岳英灵集》《又玄集》《才调集》至北宋的《文苑英华》《唐百家诗选》、南宋的《唐诗纪事》《瀛奎律髓》,再至金元的《唐诗鼓吹》、明初的《唐诗品汇》,这些年代较早的唐诗选本无一例外均作"昔人已乘白云去"。作"昔人已乘黄鹤去"者始自明代后期的《新刊唐诗鼓吹注解大全》与《唐诗解》,其后的明人《唐诗选脉会通评林》、清人《贯华堂选批唐才子诗》《唐诗评选》《而庵说唐诗》《唐贤三昧集》《山满楼笺注唐诗七言律》《唐诗别裁集》《唐诗三百首》等选本纷纷沿袭。由于上述清代唐诗选本风行海内,这个异文竟后来居上,喧宾夺主,遂被视为定本,直到如今。但如果尊重文献学原理的话,我们必须承认"昔人已乘白云去"才是崔颢《黄鹤楼》一诗的原文。这个例子告诉我们,阅读古代诗词时遇到异文,必须进行一番文献考索,才能获得真相,决定是非。

思考题

清代学者多以"昔人已乘黄鹤去"为此诗定本,还为其进行了不少辩护。例如金圣叹说:"有本乃作'昔人已乘白云去',大谬。此诗正以浩浩大笔,连写三'黄鹤'字为奇耳。"(《贯华堂选批唐才子诗》)赵臣瑗说:"妙在一曰黄鹤,再曰黄鹤,三曰黄鹤,令读者不嫌其复,不觉其烦,不讶其何谓。"(《山满楼笺注唐诗七言律》)纪昀说:"改首句'黄鹤'为'白云',则三句'黄鹤'无根。"(《瀛奎律髓汇评》)近人高步瀛甚至说:"起句云乘鹤,故下云空余。若作'白云',则突如其来,不见文字安顿之妙矣。后世浅人见此诗起四句三'黄鹤'一'白云',疑其不均,妄改第一'黄鹤'为'白云',使白云黄鹤两两相俪,殊不知诗之格局绝不如此。"(《唐宋诗举要》)请谈谈你对这些评语的看法。

燕歌行 并序

[唐] 高适

开元二十六年，客有从元戎出塞而还者，作《燕歌行》以示，适感征戍之事，因而和焉。

汉家烟尘在东北，汉将辞家破残贼。
男儿本自重横行，天子非常赐颜色。
摐金伐鼓下榆关，旌旆逶迤碣石间。
校尉羽书飞瀚海，单于猎火照狼山。
山川萧条极边土，胡骑凭陵杂风雨。
战士军前半死生，美人帐下犹歌舞。
大漠穷秋塞草腓，孤城落日斗兵稀。
身当恩遇常轻敌，力尽关山未解围。
铁衣远戍辛勤久，玉箸应啼别离后。
少妇城南欲断肠，征人蓟北空回首。
边庭飘飖那可度，绝域苍茫无所有。
杀气三时作阵云，寒声一夜传刁斗。
相看白刃血纷纷，死节从来岂顾勋！
君不见沙场征战苦，至今犹忆李将军。

《燕歌行》是高适的代表作，也是脍炙人口的盛唐边塞诗名篇。序中"元戎"指张守珪，是一位久历沙场、屡建奇功的大将，其戍守之地从西北的北庭直到东北的幽州。序中的"客"，因史料欠缺，难以断定究系何人。这位"客"所写的《燕歌行》则早已亡佚，其内容亦不得而知。但揆情度理，当与张守珪出征东北的经历有关。既然高适此诗是对"客"所写的《燕歌行》的唱和，两首《燕歌行》的内容当有联系。从高适《燕歌行》的内容来看，确有不少地方可与张守珪的事迹相联系，比如开头四句，便与张守珪的事迹相合。有人解此诗为讽刺张守珪，原因便在于此。但尽管如此，我们仍不能认为整首诗都是专咏张守珪的事迹。

　　首先，高适此诗的内容非常丰富，不可能专指一人而言，也不是专咏某次战事，而是泛咏当时的边塞战争。诗中写到的地名很多，像"榆关""碣石"都在今山海关一带，正是张守珪出征契丹所经之地。但是"瀚海"一般指西北方的沙漠，"狼山"则位于今内蒙古五原县一带，距离幽州甚远，也不是出征契丹的必经之地。诗中所写的战争情形，特别是孤城重围、士卒死伤殆尽的惨烈情景，在张守珪镇守幽州时并未发生过。至于说出征将士与家中思妇之相望相思等细节，当然纯属虚构。所谓"感征戍之事"，其实包含着更为丰富的内容。高适慷慨有大志，常思前往边塞以立奇功，早在开元十八年（730）就曾北游燕赵且投笔从戎，以后数年间亦曾往来东北边陲。高适并不是久居书斋，必待闻"客"之语方得知边塞情形的文士，而是亲历边塞生涯的军人。所以，《燕歌行》是在更为广阔的时空背景中"感征戍之事"的作品，其中既包括了"客"所作原唱的内容，即张守珪出征东北之事，也包括了高适自己的所见所闻，还包括了当时边塞战争的一般情形。

　　其次，《燕歌行》虽然具有鲜明的时代气息，但毕竟是一首用乐府旧题所写的拟乐府。一般说来，拟乐府的主题都与其古题有关。《燕歌行》的传统主题是什么？《乐府解题》解曰："言时序迁换，行役不归，妇人怨旷无所诉也。"《广题》则曰："燕，地名也。言良人从役于燕，而为此曲。"查检唐前诗人所作十首《燕歌行》，全都是写良人从役、妇人怨旷的主题，而且都是从思妇的角度来着笔。高适之前的唐人所作的三首《燕歌行》，主题有重大变化，它们加强了对征人行役的描写，而妇人怨旷的内容则无影无踪。只有高适此诗才是既有传承又有革新的拟古乐府佳作，"良人从役于燕"与"时序迁换，行役不归，妇人怨旷无所诉"都得到了相当畅尽的描写。但这只是全诗内容的一部分，诗中写得更加淋漓酣畅的是边塞战争的全过程，边地开战，大将出征，战争激烈，形势多变，唐军或胜或败，战士或死或伤。所以，此诗的内容非常丰富，它部分继承了乐府旧题的传统，但在内容上有巨大的开拓创新。此诗不是专门叙述当时的某次边塞战争，也不是专门针对某位将领，而是糅合了无数场边塞战争的情形，是具有普泛意义的一首盛唐边塞诗。

《燕歌行》的主题非常复杂，它既有歌颂的成分，也有讽刺的倾向，它是高适对边塞战争复杂态度的鲜明体现。诗中写得最成功的地方是生动地展现了戍边将士们的生活，真切地展示了将士们的内心世界。他们既有一心报国、不计功名且勇于牺牲的崇高胸怀，也有因久戍不归、有家难回而产生的哀怨心情。将士们长年驻守边塞，生活艰苦，充满危险，他们不可能始终斗志昂扬，也有情绪低沉的时候。守边将士们也是普通人，人非草木，孰能无情？他们也有七情六欲，难免会有思家情绪，难免会诉说心中的哀怨。"铁衣远戍辛勤久"以下四句，写将士与妻子互相思念之情，感人至深。有人认为这样写有点儿英雄气短、儿女情长，担心会损害将士的英雄形象。其实唯独这样的守边将士之形象，才是血肉丰满、真实可信的，也才更加可敬可爱。至于诗中对军中生活的细节描写，例如"战士军前半死生，美人帐下犹歌舞"的苦乐不均现象，也是当时军中的真实情况，战士们有所抱怨，也完全合情合理。况且全诗的基调仍是雄伟壮烈、奋发有为。战士们尽管受了委屈，心情压抑，还是舍身报国，奋勇杀敌，不惜流血牺牲。他们拼命作战并非为了功勋，而是一心保家卫国，所以说"死节从来岂顾勋"。正因此诗全景式地展示了边塞战争的总体面貌，才有了结尾画龙点睛式的主题揭示："君不见沙场征战苦，至今犹忆李将军。""李将军"应指李牧，他是威震匈奴的古代名将，但他爱兵如子，戍守边塞时很少出战，最后一战大获全胜。高适既肯定具有自卫性质的边塞战争，又同情出征将士的辛苦，从而希望出现李牧那样的良将来镇守边塞，完成"不战而屈人之兵"的卫国重任。所以对此诗的主题，明人唐汝询在《唐诗解》中提出的观点最为中肯："此述征戍之苦也……既苦征战，则思古之李牧为将，守备为本，亦庶几哉！"

长沙过贾谊宅

[唐] 刘长卿

三年谪宦此栖迟，万古惟留楚客悲。
秋草独寻人去后，寒林空见日斜时。
汉文有道恩犹薄，湘水无情吊岂知？
寂寂江山摇落处，怜君何事到天涯！

贾谊是汉初最具远见卓识的政治家，他为汉帝国的长治久安筹划了一系列的方针、谋略。他虽然遇到了素有明君之称的汉文帝，却未得重用，反而受到朝中大臣的妒忌、排挤，终被贬至远地，三十三岁即悲伤而死。当后代诗人要从历史人物中寻觅怀才不遇者的典型时，贾谊无疑是第一人选。

唐代宗大历六年（771）秋季，刘长卿路经长沙，瞻仰贾谊故宅，写出了文学史上第一首专咏贾谊的杰作。此时刘长卿任鄂岳转运留后，为公务而南至湘中，但他此前曾因"刚而犯上"被贬至南巴县（今广东电白），而且他虽有才干，却长期沉沦下僚，流宦各地，胸中颇有抑郁不平之气。此诗语气哀怨，以至于后人常误认为作于贬谪途中，其实刘长卿平生两次遭贬，都未曾路经长沙。当年贾谊被贬至长沙，作

《鵩鸟赋》自哀:"庚子日斜兮,鵩集余舍""野鸟入室兮,主人将去"。如今刘长卿在寒林日斜的时候独自走进秋草萋萋的贾谊故宅,看到人去宅空的凄凉景象,不禁浮想联翩。贾谊生逢"有道之君"汉文帝统治的年代,尚且未获重用,那么他作赋投于湘水以吊屈原,古人已逝,湘水无情,又有谁知道呢?江山寂寞,秋风萧瑟,贾谊为何来到这天涯之地啊!从字面上看,全诗句句都是咏贾谊。从感情上去体会,却句句都绾合着诗人自身。"汉文有道恩犹薄",那么身逢昏聩无能的唐代宗的自己还能有什么希望?"湘水无情吊岂知",那么自己在湘水之滨作诗追吊贾谊的一番心意,又有谁能理解?"怅望千秋一洒泪",使刘长卿和贾谊的两颗心灵产生强烈共鸣的正是怀才不遇的委屈感。怀才不遇并不仅仅是诗人个人的问题,它实际上是一个社会、一个国家的悲剧。优秀人物不能人尽其才,当然是国家和社会的巨大损失,也必然是广大人民的巨大损失。刘长卿吟咏贾谊的诗不但抒发了诗人内心的悲愤情绪,也引起广大读者的普遍同情与共鸣,因为社会的公正是具有普世意义的价值追求。

望岳

[唐]杜甫

岱宗夫如何？齐鲁青未了。
造化钟神秀，阴阳割昏晓。
荡胸生曾云，决眦入归鸟。
会当凌绝顶，一览众山小。

唐玄宗开元年间，青年杜甫在齐、赵一带过着"裘马清狂"的漫游生活。这首《望岳》就写于其时，它是现存杜诗中写作年代最早的一首，体现了青年杜甫胸怀大志的精神面貌，同时也表现了杜甫对大自然的热爱和敬畏。

泰山雄踞齐鲁，名扬海内。古代的许多帝王都不远千里前来朝拜，在泰山上举行封禅大典。可以肯定，杜甫早在少年时代就熟知泰山的威名，早从历代的典籍中获得了有关泰山的知识。所以当诗人亲身前往齐鲁大地瞻仰泰山时，他心中其实已经存在着一座意念中的雄伟山岳。然而毕竟闻名不如亲见，所以诗人仍然忍不住诘问一声：泰山到底怎么样啊？这个问句虽然很简单，但是绘声绘色地传达了诗人内心对泰山的热切向往，他太想亲眼看到泰山了。于是第二句就推出了泰山的雄姿：它横亘在齐鲁大地上，拔地而起，直插苍穹，即使走出齐国和鲁国的边境，还能望到它那青黛色的身影！

杜甫笔力雄强，写景造境常有想落天外的奇思妙想，而且特别善于描写境界阔大、气魄雄伟的景物。此诗对泰山的描写就是从整体落笔，甚至有意略去局部的细节：大自然把其全部神奇灵秀都凝聚在泰山身上，天色的昏暗和晓亮都由泰山来划分。这两句诗把自然和泰山都人格化了：自然能体现其意志，泰山能有所动作。下面两句则把诗人自我与泰山融为一体：诗人放眼望去，层层云气从泰山的峰峦间喷薄而出，他的心胸也随之激荡奋发。暮色渐临，飞回山林的鸟儿显得越来越小，诗人的目光也随着它们一起远去，直到眼眶欲裂。与其说这是形容泰山雄伟奇峻且充满生机，不如说是诗人在抒发胸中的豪情壮志。当然，正是泰山的雄伟激发了诗人的豪情。

最后两句是传诵千古的名句。杜甫远眺泰山，忽发奇想：自己终将登上泰山绝顶，纵目俯瞰，众山都显得十分渺小！清人浦起龙评论说："杜子心胸气魄，于斯可观。"（《读杜心解》）的确，登上高山绝顶俯瞰众山，就会觉得它们都很低矮。人生也是如此，一旦你攀登上最高的人生境界，就会觉得那些庸俗、卑鄙的人是多么渺小。杜甫后来的人生道路就好像是登攀泰山，他用艰苦卓绝的努力登上了诗国的巅峰，从而傲视千古诗坛。这首《望岳》正是青年杜甫即将开始人生征程时发出的激昂宣言。

春望

[唐] 杜甫

国破山河在，城春草木深。
感时花溅泪，恨别鸟惊心。
烽火连三月，家书抵万金。
白头搔更短，浑欲不胜簪。

此诗作于至德二年（757）三月，时杜甫身陷沦陷的长安。此时唐玄宗西奔至蜀，唐肃宗的临时朝廷则在凤翔，唐军与叛军在太原、河东等地接连激战，从正月到三月，战事不断。

此诗是万口传诵的名篇。起首二句，宋人司马光解得颇精到："'山河在'，明无馀物矣；'草木深'，明无人矣。"（《温公续诗话》）确实，这两句生动地描写出沦陷区的萧条荒凉和诗人的萧瑟心情。颔联更加为人称道，句意却未有确解。或解作花鸟无情，本不解人间沧桑之悲，但此时却也能与诗人之心相通，花为之溅泪，鸟为之惊心；或解作花鸟本为赏心悦目之物，因诗人感时恨别，故见花而溅泪，闻鸟而伤心。无论作何解，均可见诗人之触景生情。虽然诗无达诂，但是并不影响其艺术魅力。颈联先写国家形势，后写家人情况，两者从大到小，由因及果，对仗精工，内在的意脉流转自如，而意境则又沉郁哀痛，感人至深。尾联顺势而下，归结到自身。然如此时局，如此处境，诗人除了搔首悲叹，又能何为？全诗至此戛然而止，只留下一个搔首叩天的诗人背影，然其忧国忧民的伟大情怀，感动着万千读者的心灵。

石壕吏

[唐]杜甫

暮投石壕村,有吏夜捉人。
老翁逾墙走,老妇出门看。
吏呼一何怒!妇啼一何苦!
听妇前致词:三男邺城戍。
一男附书至,二男新战死。
存者且偷生,死者长已矣!
室中更无人,惟有乳下孙。
有孙母未去,出入无完裙。
老妪力虽衰,请从吏夜归,
急应河阳役,犹得备晨炊。
夜久语声绝,如闻泣幽咽。
天明登前途,独与老翁别。

唐肃宗乾元二年(759)三月,唐军围攻盘踞邺城的安史叛军余部,招致大败。为挽救危局,朝廷大肆征兵。当时正任华州司户参军的杜甫从洛阳返回华州,沿途目睹民生疾苦之状,遂作"三吏""三别"。石壕村在今河南陕县东观音堂镇西北，杜甫路经此村投宿民家，亲眼看到一幕"有吏夜捉人"的人间惨剧。官吏不再是在白天公然前来，而是在夜幕的掩护下偷偷潜至；也不再是按帖选丁，而是不分男女老幼地捉人。面对着这样的现实，诗人极为愤怒，严词痛斥，"夜捉人"三字就是对这种鬼蜮伎俩的无情揭露。此诗充分揭露了当时官吏的胡作非为，给百姓造成了雪上加霜的无穷灾难。石壕村这户人家遭到官吏无休无止的"捉人"，诚如清人仇兆鳌所评："古者有兄弟始遣一人从军。今驱尽壮丁，及于老弱。诗云：三男戍，二男死，孙方乳，媳无裙，翁逾墙，妇夜往。一家之中，父子、兄弟、祖孙、姑媳惨酷至此，民不聊生极矣！"（《杜诗详注》）这户人家的遭遇太惨了，诗人无法对跳墙逃走后又悄悄归来的老翁说出什么宽慰的话，诗至"独与老翁别"遂戛然而止，但是"语声绝"而"如闻泣幽咽"，千百年来一直震撼着读者的心灵。

  杜诗号称"诗史"，杜诗的功能并不是像史书那样记录历史，它是对历史的价值评判，是历史的暴风骤雨在人们心头留下的情感波澜的深刻抒写。清人浦起龙《读杜心解》中说得好："少陵之诗，一人之性情，而三朝之事会寄焉者也。"大唐帝国在玄宗、肃宗、代宗三朝发生了由盛转衰的剧变，它对人们的精神面貌产生了怎样的严重影响？安史之乱在唐朝人民的心头留下了何等深重的创伤？这些内容在史书中是读不到的，即使有所涉及也是不够真切的。安史之乱使唐帝国的人口急剧减少，据《资治通鉴》记载，从安史之乱爆发的前一年到安史之乱基本平定的后一年，短短的十年间，大唐帝国的总人口竟从5288万下降为1690万。然而史书的记载只是两个冷冰冰的数据，没有细节，没有过程，没有告诉我们三千多万普通百姓是如何死于非命的。只有"三吏""三别"等杜诗，才做出了生动的记录和深刻的解答。从这个意义上说，一部杜诗，在客观上就是新、旧《唐书》的必要补充，在主观上就是杜甫留给后人的历史警示录。孔子为何要修《春秋》？中华民族为何如此重视史学传统？就是因为历史是我们的集体记忆，是民族的精神血脉，是集体价值观的记载和传承，它必然会对中华民族的现在和将来产生深远的影响。杜诗在记录历史事实时渗入了深沉的思考和深厚的情感，它不但让后人了解历史，而且启发后人感知历史、思考历史，进而从历史中汲取经验和教训，从而更好地前进。正因如此，我们应该高度评价杜诗的"诗史"价值，应该认真阅读"三吏""三别"等经典杜诗。

月夜忆舍弟

[唐]杜甫

戍鼓断人行,边秋一雁声。
露从今夜白,月是故乡明。
有弟皆分散,无家问死生。
寄书长不达,况乃未休兵。

此诗作于唐肃宗乾元二年(759)秋,杜甫正流寓秦州(今甘肃天水)。杜甫有四个弟弟,幼弟杜占跟随诗人同在秦州,杜颖、杜观、杜丰则散于各地,故诗人忆而赋诗。首联先从夜间所闻之声写起:戍楼上的更鼓响起,空中传来孤雁的哀鸣。这都是当时的真实情景,戍鼓响意味着宵禁开始而行人绝迹,也暗指战火连绵故他与诸弟隔绝。雁行有序令人联想到兄弟团聚,但此刻却只有孤雁长唳,则暗指雁行失序,弟兄散乱。次联向称名句,如此平易朴实的字句,却蕴含着如此深永动人的意味,真是"辞达而已矣"的典范。"月是故乡明"一句,写出了在他乡望月思念家乡者的共同感受。杜甫在战乱时代流离异乡,家人离散,他举头望月之际,当然会追忆往昔在故乡与诸弟共同望月的愉快经历,从而产生强烈的感慨。这种独特的处境与心态,显然使他乡望月的普遍感受得到浓缩、提炼与升华，加上诗圣那支生花妙笔，于是创造出如此言简意赅、语淡情深的名句。次联之抒情既已达到高屋建瓴的程度，以下四句只需展开具体内容即可，在章法上也可以说是对上半首的逆向补充。明末清初的金圣叹说："诗非异物，只是人人心头舌尖所万不获已、必欲说出之一句说话耳。"(《与家伯长文昌》)"说话"是金圣叹所操的苏州方言，意同于"话"。"月是故乡明"便是如此的"一句话"！

蜀相

[唐] 杜甫

丞相祠堂何处寻？锦官城外柏森森。
映阶碧草自春色，隔叶黄鹂空好音。
三顾频烦天下计，两朝开济老臣心。
出师未捷身先死，长使英雄泪满襟。

此诗作于唐肃宗上元元年（760），时杜甫初到成都。清人金圣叹解此诗曰："先寻祠堂，后至城外，妙。是有一丞相于胸中，而至其地寻其庙。"（《唱经堂杜诗解》）解得很好。杜甫前往武侯祠，不是因游其地而乘便探访名胜，而是早已仰慕诸葛亮，故一到成都便往寻其祠，以凭吊先贤。当时安史之乱尚未彻底平定，社会动荡不宁，人民呻吟流血，杜甫本人也饱受战乱之苦，自关中长途跋涉，来到蜀地避难。衰乱的时世，忧患的人生，多么需要那种能够济危拯溺的英雄出现。杜甫就是在这种心情下前来寻访诸葛祠堂，也是在这种背景和心态下创作此诗。杜甫有多首诗咏及诸葛亮，而以此诗最为著名。次句中用"柏森森"三字点染氛围，次联进而细写祠内景色：杂草映阶，春来徒自碧绿；黄鹂隔叶，空作好音娇啭。一切是如此肃穆、庄严，既让人肃然起敬，也使人寂寥伤神。诗人对英雄已去、时乏良才的深沉悲慨，见于言外。后四句直抒胸臆，表达对明君贤臣风云际会的向往，对诸葛亮鞠躬尽瘁、死而后已的精神的敬佩，也对诸葛亮功业未成、赍志而殁深表哀叹。尾联绾合自己，感慨尤其深沉。诸葛亮以兴复汉室为己任，可惜鞠躬尽瘁而未得成功。"出师未捷身先死"，既是慨叹诸葛亮，也是诗人的自我感慨。正如清代无名氏《杜诗言志》中所云："此篇则专伤其功业之未成，亦所以自喻也。"异代同心，惺惺相惜，杜甫堪称诸葛亮的千古知己！

客至

[唐]杜甫

舍南舍北皆春水,但见群鸥日日来。
花径不曾缘客扫,蓬门今始为君开。
盘飧市远无兼味,樽酒家贫只旧醅。
肯与邻翁相对饮,隔篱呼取尽余杯。

此诗作于唐肃宗上元年间(760—761),时杜甫在成都草堂。

首联点明时令、地点和环境。草堂的南北都是春水漫漫,只见鸥鸟天天成群而至。鸥鸟性好猜疑,如人有机心,便不肯亲近,在古人笔下常常是与世无争、毫无机心的隐者的伴侣。"群鸥日日来"不仅点出环境的清幽僻静,也写出诗人的真率良善。颔联写客人到来的情景。上下二句运用互文的手法,意思是:花径不曾缘客扫,今始为君扫;蓬门不曾为客开,今始为君开。也就是说花草遍地的庭院小路,今天却因为你的到来打扫得干干净净。用蓬草编成的门,平时"门虽设而常关",因为你的到来,今天才打开。颈联写诗人对来客的招待。由于居所距街市较远,无法准备更多的菜肴;又由于家境贫寒,只能拿味薄的陈酒来待客。这两句诗就像实在而又亲切的家常话,字里行间充满了坦率融洽的气氛。尾联写主客与邻翁相对而饮的情景。客人肯不肯与邻家的老翁相对而饮？如果肯的话，我就隔着篱笆，招呼他过来，一起喝尽这最后的几杯酒。此诗题下原有一条自注："喜崔明府相过。"可见来客是一位县令。在古代，一般的士大夫是不愿与农夫平起平坐的。而杜甫的邻居老翁显然是个农民，所以他要先征求一下客人的意见。由此可见杜甫与草堂周围的田夫野老相处得非常和谐，也可见来客是以平民身份造访"少陵野老"的一位嘉宾，所以主客两人都愿意与邻居老农相对而饮，他们全身心地融入那个淳朴和谐的环境中了。这是一首至情至性的纪事诗，生动有趣地描写日常生活中的一个小插曲，表现出诗人淳朴的天性和好客的习性，读来清新可喜。诚如清人张世炜所评："只家常话耳，不见深艰作意之语，而有天然真致。"(《唐七律隽》)

茅屋为秋风所破歌

[唐]杜甫

八月秋高风怒号,卷我屋上三重茅。
茅飞渡江洒江郊,高者挂罥长林梢,下者飘转沉塘坳。
南村群童欺我老无力,忍能对面为盗贼。
公然抱茅入竹去,唇焦口燥呼不得,归来倚杖自叹息。
俄顷风定云墨色,秋天漠漠向昏黑。
布衾多年冷似铁,娇儿恶卧踏里裂。
床头屋漏无干处,雨脚如麻未断绝。
自经丧乱少睡眠,长夜沾湿何由彻!
安得广厦千万间,大庇天下寒士俱欢颜!风雨不动安如山。
呜呼!何时眼前突兀见此屋,吾庐独破受冻死亦足!

唐肃宗上元二年(761),杜甫居于成都草堂,当时他年已半百。此诗作于一个风雨交加的秋夜。

此诗首先记叙狂风吹破草堂,接着写顽童捉弄之情形,最后描绘屋破雨淋之苦。凄风苦雨,屋漏床湿,诗人彻夜难眠。他由此触景生情,抒发感叹。他希望出现千万间宽敞、牢固的房屋,让天下穷人都有躲避风雨的安身之所。他甚至庄严许愿：只要有千万间广厦突然出现，即使自己独自受冻而死也心甘情愿！这是何等崇高的精神，何等博大的胸怀！杜甫就是用这种推己及人的仁爱精神去拥抱整个世界的，他的思考过程，他的情感流向，都是由近及远，由亲及疏，这分明是"老吾老以及人之老，幼吾幼以及人之幼"（《孟子·梁惠王上》）的儒家精神的具体阐发。儒家主张"仁政爱民"，儒家仁爱精神的最高表现形式是实行仁政。孟子说："尧、舜之道，不以仁政，不能平治天下。"（《孟子·离娄上》）孟子还指出仁政的最低限度是让人民"仰足以事父母，俯足以畜妻子，乐岁终身饱，凶年免于死亡"（《孟子·梁惠王上》）。这种对天下百姓的重视，其逻辑起点就是对人的存在价值的发现。这与法家一切皆从帝王统治之术出发，只把人民视作劳力与兵力的专制思想南辕北辙。杜甫一生服膺儒术，他完全赞同儒家的政治理想。他希望人民安居乐业："牛尽耕，蚕亦成。不劳烈士泪滂沱，男谷女丝行复歌。"（《蚕谷行》）他谴责急征暴敛："彤庭所分帛，本自寒女出。鞭挞其夫家，聚敛贡城阙。"（《自京赴奉先县咏怀五百字》）他批判贫富不均："朱门酒肉臭，路有冻死骨。"（同上）他指出苛政是逼迫人民铤而走险的根本原因："不过行俭德，盗贼本王臣！"（《有感》）《茅屋为秋风所破歌》就是体现杜甫仁爱精神的典范作品，宋人王安石在《杜甫画像》中说："宁令吾庐独破受冻死，不忍四海赤子寒飕飗……惟公之心古亦少，愿起公死从之游。"这是后人对杜甫仁爱精神的深情礼赞。

登高

[唐]杜甫

风急天高猿啸哀,渚清沙白鸟飞回。
无边落木萧萧下,不尽长江滚滚来。
万里悲秋常作客,百年多病独登台。
艰难苦恨繁霜鬓,潦倒新停浊酒杯。

此诗作于唐代宗大历二年(767)秋,时杜甫在夔州(今重庆奉节)。

胡应麟在《诗薮》中评此诗为"古今七言律诗第一",诚非虚誉。胡氏曰:"一篇之中,句句皆律,一句之中,字字皆律,而实一意贯串,一气呵成。骤读之,首尾若未尝有对者,胸腹若无意于对者。绌绎之,则锱铢钧两,毫发不差,而建瓴走坂之势,如百川东注于尾闾之窟。"

此诗严整精致,全诗四联皆对,且对仗非常工稳。即以首联而言,不但两句相对,而且首句中"风急"对"天高",次句中"渚清"对"沙白",句中自对也极精当。诗中没有使用虚字来斡旋语气,而且前二联写景,后二联抒情,章法井然有序。更值得称道的是,尽管形式严整，意脉却并未被截断、阻隔，相反，更显流动、顿挫之妙：前四句写登高所见，目光从高到低，又由近及远，层次清晰。首句主要写听觉，次句则写视觉，三、四句既写所见之景，又含所闻之声，纵横交错地描绘出一幅有声有色的寥廓秋景。后四句转入抒情，因第四句所写视野极为辽远，下接"万里悲秋"，过渡无痕。颈联的意蕴最为丰富，罗大经评曰："'万里'，地之远也。'秋'，时之凄惨也。'作客'，羁旅也。'常作客'，久旅也。'百年'，暮齿也。'多病'，衰疾也。'台'，高迥处也。'独登台'，无亲朋也。十四字之间含八意，而对偶又精确。"（《鹤林玉露》）

总之，此诗中抑塞磊落的感情、百折千回的思绪竟被整合到如此严整精细的形式之中，奥妙在于意脉之流动贯穿，这说明杜甫的晚年七律已达到炉火纯青的艺术境界。

登岳阳楼

[唐]杜甫

昔闻洞庭水，今上岳阳楼。
吴楚东南坼，乾坤日夜浮。
亲朋无一字，老病有孤舟。
戎马关山北，凭轩涕泗流。

此词作于唐代宗大历三年（768），时杜甫在岳州（今湖南岳阳）。

孟浩然《望洞庭湖赠张丞相》云"气蒸云梦泽，波撼岳阳城"，是万口传诵的名句。杜甫曾在《解闷》中说："复忆襄阳孟浩然，清诗句句尽堪传。"当杜甫写此诗时，他心中多半有这两句孟诗在。

后人常将"吴楚东南坼，乾坤日夜浮"二句与孟诗相比较，但是还应注意到孟诗在前而杜诗在后，孟得先机而杜须避免重复，故杜诗的难度更大。若论写景之生动，两者可谓势均力敌。若论气魄之雄伟，则杜诗更胜一筹。

此诗的颈联也值得注意。在"乾坤日夜浮"后接以"亲朋无一字，老病有孤舟"，是否有转折过于突兀、意境不够协调之病？其实并没有。在洞庭湖之浩渺壮伟的自然背景下，诗人的身影是多么渺小，心情是多么孤苦，前者壮阔而后者逼仄，反差强烈，张力巨大。所以此诗并不如宋人范温所云是"工拙相半"，而是无瑕的全璧。

江南逢李龟年

[唐] 杜甫

岐王宅里寻常见，崔九堂前几度闻。
正是江南好风景，落花时节又逢君。

此诗作于大历五年（770），时杜甫流寓潭州（今湖南长沙）。潭州在当时属于江南西道，故有此题。

此诗前两句回忆当初在长安城里与李龟年几度相见，后两句交代两人重逢的地点及时令，全诗到此戛然而止。李龟年何许人也？诗中只字未提。杜甫与李龟年在江南重逢，心中有何感慨？诗中亦只字未提。这些属于"题中应有之义"的内容都彻底地隐去了，这样的写法效果如何呢？

从表面上看，开头的两句只是追忆当年与李龟年在长安城里数度相见的地点而已，其实内蕴非常丰富。"岐王"指岐王李范或嗣岐王李珍，"崔九"指秘书监崔涤，都是开元年间的权贵，他们的府第是长安城里文艺雅集的中心。不难想见，著名歌手李龟年曾在两处府第里一展歌喉，以展示其才艺。也不难想见，少年杜甫曾在两处府第中亲闻李龟年的美妙歌声，他那敏感、多情的心灵曾受到深深的震撼。唐代的盛世，首推唐太宗的贞观与唐玄宗的开元。但是贞观年代久远，杜甫未得亲历。开元却是杜甫亲身经历过的，所以晚年的杜甫经常用深情的笔触追忆开元年间的盛况。对开元盛世的追忆，既体现了杜甫对国家命运的深切关怀，也表达了对自身遭遇的无限感慨。所以，"岐王宅里寻常见，崔九堂前几度闻"这两句诗虽是淡淡说来，但字里行间凝聚着多么丰富的情思！

前二句完全沉浸在对往事的追忆中，后二句却一笔兜转，把读者拉回眼前的情景中来。江南本是风景名胜之地，然而它又是远离京师的地方。对于名动京师的歌手李龟年而言，他最好的人生舞台当然是在长安。对于胸怀大志的杜甫而言，他得以实现报国宏图的人生舞台也应是长安。然而现在两人却在远离长安的江南相逢了。毫无疑问，李龟年与杜甫都不是怀着愉快的心情来潭州游览，他们是被命运抛到这遥远的异乡来的，江南相逢肯定会使他们感慨万千。动荡的国家，艰难的时世，人到暮年流落异乡，在落英缤纷的时节重逢故人……如此丰富、如此深厚的情思，诗人偏偏一字不提。他只将产生这万千情思的时空背景略作交代，全诗便戛然而止。正因如此，末句的"又逢君"三字，看似平淡，实则包蕴着无限感慨。什么叫含蓄蕴藉、意在言外？请读《江南逢李龟年》！

思考题

学界普遍认为《江南逢李龟年》与《观公孙大娘弟子舞剑器行》二诗的主题、内容基本相同，但是繁简程度却相差很大。先把二诗对照阅读，再谈谈你的想法。

延伸阅读

观公孙大娘弟子舞剑器行 并序

杜甫

大历二年十月十九日，夔府别驾元持宅见临颍李十二娘舞剑器，壮其蔚跂。问其所师，曰："余公孙大娘弟子也。"开元五载，余尚童稚，记于郾城观公孙氏舞剑器浑脱，浏漓顿挫，独出冠时。自高头宜春、梨园二伎坊内人洎外供奉，晓是舞者，圣文神武皇帝初，公孙一人而已。玉貌锦衣，况余白首；今兹弟子，亦匪盛颜。既辨其由来，知波澜莫二。抚事慷慨，聊为《剑器行》。昔者吴人张旭，善草书书帖，数尝于邺县见公孙大娘舞西河剑器，自此草书长进，豪荡感激，即公孙可知矣。

昔有佳人公孙氏，一舞剑器动四方。
观者如山色沮丧，天地为之久低昂。
㸌如羿射九日落，矫如群帝骖龙翔。
来如雷霆收震怒，罢如江海凝清光。
绛唇珠袖两寂寞，晚有弟子传芬芳。
临颍美人在白帝，妙舞此曲神扬扬。
与余问答既有以，感时抚事增惋伤。
先帝侍女八千人，公孙剑器初第一。

五十年间似反掌，风尘澒洞昏王室。
梨园弟子散如烟，女乐馀姿映寒日。
金粟堆南木已拱，瞿塘石城草萧瑟。
玳筵急管曲复终，乐极哀来月东出。
老夫不知其所往，足茧荒山转愁疾。

白雪歌送武判官归京

[唐] 岑参

北风卷地白草折，胡天八月即飞雪。
忽如一夜春风来，千树万树梨花开。
散入珠帘湿罗幕，狐裘不暖锦衾薄。
将军角弓不得控，都护铁衣冷难着。
瀚海阑干百丈冰，愁云惨淡万里凝。
中军置酒饮归客，胡琴琵琶与羌笛。
纷纷暮雪下辕门，风掣红旗冻不翻。
轮台东门送君去，去时雪满天山路。
山回路转不见君，雪上空留马行处。

此诗作于唐玄宗天宝十四年（755）八月，时岑参在轮台（今乌鲁木齐市米东区境内）任安西北庭节度判官。西域天气严寒，才到夏历八月，已经大雪纷飞。雪后的景象如何？岑参看到千万棵树木一片雪白，都变成了玉树琼枝，恍惚之间，诗人觉得就像是吹了一夜春风，千万树的梨花顿时怒放了。他人写雪，多用梅花喻之，梅花本是在雪中开放的，诗人们容易把两者联想起来，例如初唐诗人东方虬的《春雪》:"春雪满空来,触处似花开。不知园里树,若个是真梅?"然而岑参力避陈熟,偏把满眼的玉树琼枝比作一夜春风后的千万树梨花,就"雪似花"这个比喻来说,岑参真的做到了化臭腐为神奇,堪称想落天外。故清人方东树赞曰:"奇才奇气,奇情逸发,令人心神一快。"(《昭昧詹言》)把大雪覆盖的千万棵树木说成春风吹开的满树梨花,这当然是奇特的想象,是精彩的比喻,另一方面这也体现出乐观昂扬的精神。要不是心情乐观、斗志昂扬,在这么严寒的天气里看着树上的积雪,哪里会联想到梨花?当然岑诗的佳处绝不止于这个新颖鲜活的比喻,它接下去就入木三分地刻画出大雪的效果,那就是刺骨的寒冷:眼中所见的是雪花入帘湿幕,肌肤所感的是裘冷衾薄。连狐裘锦衾都没有丝毫暖意,更况冰冷的铁衣!最后八句虽然转入送别主题,却仍然处处映带着严寒天气:辕门外暮色苍茫,大片的雪花纷纷下落。"纷纷暮雪下辕门"一句中不说"飞舞",而仅用一个"下"字,以见雪片之大且重。然而此诗虽然用力渲染了雪天的严寒,却没有凄凉悲苦的情绪。诗人以充沛的笔力写出了塞外雪景的雄奇瑰丽,也以饱满的精神表达了守边将士的英风豪气。即使是结尾所写的送别场景,那印在雪地上的一行行马蹄印迹直到天边,在绵绵不绝的惜别之情中仍然渗透着乐观豪迈的气概。这是一首笔歌墨舞的白雪颂歌,也是一首意气风发的边塞战歌。

　　岑参平生曾两次从军出塞,前后在西域生活了六年,写下了七十多首边塞诗。在盛唐的边塞诗人中,岑参是边塞生活经验最丰富的一位。岑参的边塞诗既表现了唐军将士的高昂斗志,也用壮丽的笔墨写出了西域地区特有的壮丽景色,大漠、雪山、热海、火山,那些奇特壮伟的风景是中原地区绝对看不到的。所以,岑参的边塞诗实际上也为盛唐的山水诗开辟了别具一格的奇特境界,这首《白雪歌送武判官归京》就是一个范本。

行军九日思长安故园

[唐] 岑参

强欲登高去，无人送酒来。
遥怜故园菊，应傍战场开。

此诗作于唐肃宗至德二年（757）九月九日，当时岑参正在凤翔（今属陕西）的临时朝廷担任右补阙，题中的"行军"义同"行营"，即皇帝临时驻扎之地。阅读此诗，先需了解其写作背景以及所用典故。首先，此时唐军已集结在凤翔周围，准备东进与盘踞长安的安史叛军决战。在此诗写后不久的九月二十八日，唐军即收复长安。其次，次句暗用陶渊明的典故，据萧统《陶渊明传》记载，陶渊明"尝九月九日出宅边菊丛中坐，久之，满手把菊。忽值弘送酒至，即便就酌，醉而归"（"弘"指江州刺史王弘）。了解了这些背景知识，对此诗的理解也就"思过半矣"。九月九日也即重阳，是古人非常重视的一个佳节。阖家团聚，一起登高、赏菊、饮酒，则是重阳节的重要节俗。然而岑参此时身在异乡，故园则沦陷在叛军铁蹄的蹂躏之下，而且即将受到战火的摧残。重阳佳节来临，既不能与家人团聚，又无人送酒，即使勉强登高，又有什么意味？于是他遥念故园中的菊花，虽然紧挨着断垣残壁的战场，也应是繁花满枝吧！言下之意是即使故园中菊开满枝，又有何人来赏？诗仅寥寥四句，字句又平淡无奇，却有无限情思蕴含其中，值得反复咀嚼。

思考题

南朝江总的《于长安归还扬州九月九日行微山亭》云："心逐南云逝，形随北雁来。故乡篱下菊，今日几花开？"岑参此诗的构思、用韵均与其相同，多半不是出于巧合。说说你对此的想法。

逢入京使

[唐] 岑参

故园东望路漫漫,双袖龙钟泪不干。
马上相逢无纸笔,凭君传语报平安。

唐玄宗天宝八年(749),岑参应安西节度使高仙芝之聘任其幕僚,在前往安西(今新疆库车)的途中作此诗。

岑参家居长安,他离开长安奔赴西域,一路上非常荒凉,平沙万里,杳无人烟。离家越来越远,思家之念也越来越深。早在越过陇山时,他遇到从安西东归的宇文判官,就曾在赠诗中说自己"别家赖归梦,山塞多离忧"(《初过陇山途中呈宇文判官》)。及至行至人迹罕至的大漠,思家情结更加浓重。恰于此时,他突然遇到一人骑马迎面奔来,原来是离开安西返回长安的一位使者。使者之行是东返长安,也就是回到岑参故园的所在地。这当然会触动岑参的思乡之情,他回首东望,只见漫漫长道,杳无尽头,不禁泪下如雨,用双袖拭之也难擦干。使者即将返回长安,真是一个难得的信使,可是马上相逢,大漠之中一时难觅纸笔,这封家书如何书写呢?无奈之下,诗人只好请使者捎个口信回去,就说自己平安无恙!明人钟惺评此诗说:"人人有此事，从来不曾写出。"(《唐诗归》)的确，这种情景是大家在生活中经常会遇到的，但要将它生动逼真地表达出来，却有待于岑参的生花妙笔。

此诗对我们有着重大的现实意义：离家在外，应该经常给家人写信。有人说没有什么内容可写，其实家书并不需要太新鲜的内容，它最重要的作用无非是向家人致个问候，报个平安。如果实在没有时间给家人写信，那就时时掏出手机，"凭君传语报平安"吧！

思考题

中唐诗人张籍的《秋思》，是另一首有关家书的唐诗佳作。诗云："洛阳城里见秋风，欲作家书意万重。复恐匆匆说不尽，行人临发又开封。"它与岑参的《逢入京使》正好形成了有趣的对照。请对读二诗，说说它们各自的妙处。

夜上受降城闻笛

[唐] 李益

回乐烽前沙似雪，受降城外月如霜。
不知何处吹芦管，一夜征人尽望乡。

　　唐代有三座受降城，皆为初唐大将张仁愿击破突厥后所筑，三城互相间隔四百余里，其间建有多座烽火台以互相联络。此诗中的"受降城"指西受降城，位于今内蒙古杭锦后旗的乌加河北岸。首句中的"回乐烽"，一作"回乐峰"，误。李益另有《暮过回乐烽》诗云"烽火高飞百尺台，黄昏遥自碛西来"，可证回乐烽是一座烽火台的名称，此台位于西受降城附近。西受降城是唐军防止外敌侵扰的重要据点，李益于唐德宗贞元元年（785）入唐将杜希全之幕，曾数度到过西受降城。诗人在某个月夜登上西受降城，闻笛兴感，乃作此诗。

　　前二句写景。这是诗人眼中之景，故完全从其观感着笔。诗人乘着月色登上城楼，举目望去，只见远处的烽火台前平沙莽莽，原是一片黄色的沙漠在月光下白得耀眼，像是铺了一层白雪。诗人随即醒悟，那不是真正的白雪，而是月色如霜。这两句逼真地写出了月下沙漠的奇异景象，"雪""霜"二字不但传递了鲜明的视觉印象，而且产生了寒气逼人的触觉感受，边塞环境之荒寒与戍边将士之艰辛不言而喻。后二句写闻笛之事。这悠扬的笛声来自何处？当然是来自军营。受降城本为戍边御敌而筑，驻守此城的将士不在少数，这个吹笛之人究竟是在哪座军营中，不得而知。然而笛声传遍全城，触动了将士们的思乡之念。尾句中的"一夜"，不是说笛声彻夜不绝，而是说征人闻笛后终夜无眠。诗人登上城头，看到的是浩瀚无边的大漠，听到的是悠扬不绝的笛声。前者给人的印象是荒凉寒冷，后者给人的感觉是孤寂凄凉。两者互相融合，意境不失壮阔，情调相当悲凉，堪称中唐边塞诗的代表之作。

思考题

王昌龄《从军行》："烽火城西百尺楼，黄昏独坐海风秋。更吹羌笛关山月，无那金闺万里愁。"内容与李益此诗相似，但风格差异较大。对照二诗，你对盛唐边塞诗与中唐边塞诗的不同有什么体会？

晚春

[唐] 韩愈

草树知春不久归，百般红紫斗芳菲。
杨花榆荚无才思，惟解漫天作雪飞。

此诗大约作于唐宪宗元和十年（815），时韩愈在长安为官。晚春时节，万紫千红的春光即将消逝，人们难免产生惋惜之情。多愁善感的诗人看到晚春到来，多半会嗟叹不已。韩愈性格刚强，在文学写作上又主张"陈言务去"，试看他如何表现晚春主题。首先，别人写晚春主题，都会把目光对准落花，比如杜甫说"一片花飞减却春"（《曲江》），又如李贺说"桃花乱落如红雨"（《将进酒》），韩愈却关注百花未落之时。首联用拟人手法，说无论是草本还是木本，凡是会开花的植物都知道春天不久就要归去，所以它们抓紧最后的时机一齐开花，或红或紫，争奇斗艳。次联转写晚春的另一景象：杨花榆荚满天飞舞，它们既无红紫的色彩，也无芬芳的香气，故诗人调侵它们是"无才思"。因为"无才思"，它们只懂得毫无头绪地满天乱飞，就像纷纷扬扬的雪花一样。这首诗中有什么寄托，或是讽刺？也许有，但谁也说不清楚。而且一首即兴式的小诗，多半只是触景生情，脱口而吟，何必一定有所寄托？

左迁至蓝关示侄孙湘

[唐] 韩愈

一封朝奏九重天，夕贬潮州路八千。
欲为圣明除弊事，肯将衰朽惜残年！
云横秦岭家何在？雪拥蓝关马不前。
知汝远来应有意，好收吾骨瘴江边。

韩愈性格坚强，刚直不阿，诚如苏轼在《潮州韩文公庙碑》中所评："忠犯人主之怒，而勇夺三军之帅。"诗如其人，韩诗的整体面貌就是其刚强个性的外化，本诗就是如此。早在唐德宗贞元十九年（803），韩愈就因旱灾严重上书朝廷要求减免租税而被贬至阳山（今属广东）。及至元和十四年（819）正月，迷信佛教的唐宪宗以极其隆重的仪式从凤翔迎佛骨到京城。上有所好，下必甚焉。君主如此佞佛，臣民更是奔走如狂。韩愈对此深恶痛绝，乃奋不顾身上书谏阻，言辞激切，要求将佛骨"投诸水火"，甚至还说到古今信佛的君主大多短命。这引起了宪宗的雷霆之怒，欲以死罪论处，虽经大臣营救，韩愈仍被贬至远在南海边上的潮州。谪命下达，韩愈孤身一人即日上道。他怀着无比沉重的心情路经秦岭的蓝关，百感交集，乃作此诗。

诗的前四句一气直下，叙述自己获罪之缘由，表明忠心为国之志向。早晨呈递奏折，傍晚即被贬往八千里外，定罪何其速，又何其重！但我原是为了祛除惑乱国家的"弊事"而上书，即使为之献出生命又有什么可惜。次联写得气壮山河，义薄云天。此时的韩愈年过半百，官至侍郎，本可以安享富贵、安度余年，要不是素怀刚直不阿的谏诤精神，怎肯再次去批皇帝的逆鳞？又怎敢将皇帝痴迷佛教直斥为"弊事"？韩愈在《论佛骨表》中表示："佛如有灵，能作祸祟，凡有殃咎，宜加臣身，上天鉴临，臣不怨悔。"这是何等的胆识和勇气！韩愈一生以振兴儒学为己任，为了捍卫儒学，就必须坚决排斥佛、道二教，因为在他看来，佛、道与儒学之间的关系是"不塞不流，不止不行"（《原道》，下同）。如果佛、道学说不被阻止，儒学便不能复兴。此联的字里行间，洋溢着以身许国、视死如归的浩然正气。韩愈认为只有儒学才是修身治国的正道，坚信"以之为心，则和而平；以之为天下国家，无所处而不当"。因此在韩愈看来，殉道与殉国本是互为表里的事情，自己既然决心卫道，也决心报国，怎能顾惜残生？

五、六两句即景抒情：回望来程，唯见云横秦岭，不知家在何处？前瞻去路，大雪封锁蓝关，马也徘徊不前。韩愈于正月十四日奉诏后，即日辞别家人，匆匆上道。他的幼女名女挐，年方十二岁，此时正卧病在床，父女二人泪眼相对，韩愈心知此乃死别，女挐凝视着父亲却哭不出声来。这是韩愈舍身报国所付出的惨痛代价，他本人虽将生死置之度外，但无辜的家人遭到株连，未免心怀歉疚与悲痛。他在蓝关回头眺望长安却被重重的浮云遮断视线，"家何在"三字当然包含着对卧病在床的女挐的深情牵挂（韩愈离京后不久，其家人亦被迁往潮州，重病在身的女挐一路随行，于二月二日夭折于商州南边的层峰驿），语意沉痛。下句中的"马不前"，明写道路积雪难行，暗指自己对朝廷与家人的恋恋不舍之情。最后两句向远道赶来伴行的侄孙韩湘交代后事：你肯定是预料我此番远谪必无生还之理，所以才特意赶来，以便日后在潮州收拾我的遗骨！

　　此诗是对仗精工的律诗，其意脉奔泻跳荡，因为诗人内心洋溢着一股浩然正气。例如首联，两句之间大起大落，不但诗情跌宕，而且正气凛然。全诗的主要篇幅用来叙事、抒情，但对景色的点染也恰到好处，第三联堪称情景交融之范例。诗中直抒胸臆，淋漓尽致地表露了一位栋梁之臣赤心报国、不惜杀身成仁的伟大情怀，这种以身许国的刚毅精神体现了中华传统文化的核心价值，在今天仍然具有重要的现实意义。

延伸阅读

　　韩愈《去岁自刑部侍郎以罪贬潮州刺史，乘驿赴任。其后家亦谴逐。小女道死，殡之层峰驿旁山下。蒙恩还朝，过其墓，留题驿梁》："数条藤束木皮棺，草殡荒山白骨寒。惊恐入心身已病，扶舁沿路众知难。绕坟不暇号三匝，设祭惟闻饭一盘。致汝无辜由我罪，百年惭痛泪阑干。"

秋词

[唐] 刘禹锡

自古逢秋悲寂寥，我言秋日胜春朝。
晴空一鹤排云上，便引诗情到碧霄。

　　刘禹锡性格豪迈刚强，平生数度遭受贬谪仍然豪气不减，他的诗歌风格也是豪放不羁，人称"诗豪"。早在先秦，宋玉便在《九辨》中奠定了悲秋主题的基调："悲哉秋之为气也，萧瑟兮草木摇落而变衰。"的确，秋季天气由热变冷，草木由盛转衰，不免使人触景伤情，更何况是多情善感的诗人。刘禹锡此诗却独唱反调，开头两句即揭示秋胜于春的独特主张。后面二句以具体事例提出佐证，他选取了一幅爽朗明净的秋景：秋高气爽，晴空万里，一只仙鹤振翅高举，直上云霄。背景是如此空旷辽阔，翱翔其中的仙鹤是如此矫健凌厉，这当然会使人精神抖擞、意气风发，诗人的诗情也被仙鹤引导到九霄之上。寥寥四句，便把秋天在外形与精神两方面胜于春季的特征说得淋漓尽致，可称言简意赅的秋之颂歌。当然，它也是奋发有为、刚强不屈的人生精神的一曲颂歌。

酬乐天扬州初逢席上见赠

[唐] 刘禹锡

巴山楚水凄凉地,二十三年弃置身。
怀旧空吟闻笛赋,到乡翻似烂柯人。
沉舟侧畔千帆过,病树前头万木春。
今日听君歌一曲,暂凭杯酒长精神。

  唐敬宗宝历二年(826)秋,刘禹锡与白居易在扬州相逢,白作诗赠刘,刘作此唱酬。刘禹锡曾被贬至朗州(今湖南常德)、连州(今属广东)、夔州(今重庆奉节)、和州(今安徽和县),前后长达二十余年。唐代诗人曾遭贬谪者甚多,但贬谪生涯如此漫长的实属罕见。故白居易在赠诗中惊呼:"亦知合被才名折,二十三年折太多。"此诗便从白诗此意写起,可谓桴鼓相应。

  上述四州在古代皆属楚国与巴国,除了和州的三州均被唐人视作蛮荒僻远之地,诗中称其为"凄凉地",兼指地方之荒凉与人心之孤寂。刘禹锡天才卓荦,二十一岁就进士及第,同年又登博学宏词科,英名远扬。可惜尚未等到他施展抱负,就因参加王伾、王叔文领导的政治革新而惨遭打击,一贬再贬,在巴山楚水间消磨了二十多年光阴。

"弃置身"三字，真是字字血泪。故首联表面上仅是交代贬谪的时间与空间，其实充满了哀伤愤怨。当年与他一同被贬的还有柳宗元等七人，皆被贬为远州司马，史称"八司马"。当他写作此诗时，"二王"以及"八司马"中的柳宗元等人皆已死于谪地。上述数人，尤其是柳宗元，与刘禹锡年龄相仿，政见相合，堪称志投意合的密友。第三句用晋人向秀作《思旧赋》之典，抒发对诸位亡友的无穷哀思。刘禹锡因贬而离乡背井二十余年方得返乡，第四句乃用晋人王质因观仙人弈棋不觉斧柄朽烂的古代传说，形容自己返乡时恍若隔世之感受。这两个典故运用得十分精当，从而用极其简洁的字句表达了十分复杂的思绪。颈联写二十多年来人事多变，仕途畅通、春风得意者甚多，唯有自己久处谪地、久沉下僚，不由得感慨万千。尾联说白诗对诗人有所安慰，姑且饮酒助兴，补足唱和之旨。此诗在艺术上极为成功，诸如细针密线的章法，工巧灵活的对仗，精确惬当的用典，生动新颖的比喻，都达到了炉火纯青的程度。一首在酒席上读到他人原唱后当场写成的唱酬之作，竟能达到如此高的水准，"诗豪"的称号，刘禹锡真是当之无愧！

延伸阅读

白居易《醉赠刘二十八使君》："为我引杯添酒饮，与君把箸击盘歌。诗称国手徒为尔，命压人头不奈何。举眼风光长寂寞，满朝官职独蹉跎。亦知合被才名折，二十三年折太多。"

> 思考题

"沉舟侧畔千帆过,病树前头万木春"这一联,向称名句。今人或断章取义,将它理解成鼓励人们汲取前人失误的教训,从而取得更好的成就,好像也说得通。你对此持什么看法?

卖炭翁

[唐] 白居易

卖炭翁，伐薪烧炭南山中。
满面尘灰烟火色，两鬓苍苍十指黑。
卖炭得钱何所营？身上衣裳口中食。
可怜身上衣正单，心忧炭贱愿天寒。
夜来城外一尺雪，晓驾炭车辗冰辙。
牛困人饥日已高，市南门外泥中歇。
翩翩两骑来是谁？黄衣使者白衫儿。
手把文书口称敕，回车叱牛牵向北。
一车炭，千余斤，官使驱将惜不得。
半匹红纱一丈绫，系向牛头充炭直。

白居易自己最重视的诗歌是以美刺为目的的"讽喻诗"，其中尤以《新乐府》五十首最为重要，《卖炭翁》就是《新乐府》中最负盛名的一首。此诗前有小序曰："苦宫市也。""宫市"是盛唐、中唐时代臭名昭著的一项恶政，即朝廷派遣宦官入市，随意抢占百姓的货物，或仅付给少许钱物，或干脆分文不给。此诗选择了非常典型的一件事例,来揭露"宫市"对劳苦大众的无耻掠夺。请看卖炭老翁的悲惨遭遇:他长年在终南山里伐木烧炭,不知经历了多少艰辛。他满面烟色,十指乌黑,那分明是长年累月烟熏火燎的结果!他没有别的谋生手段,全靠卖炭得钱来维持生计。木炭当然是天气严寒时才需要的物资,可怜这位老翁衣裳单薄,为了让木炭卖得较好的价钱,竟然一心盼望着天气严寒。"可怜身上衣正单,心忧炭贱愿天寒"这两句诗,真是一字一泪。总算天如人愿,夜降大雪,城外积雪一尺。于是老翁运着千余斤重的木炭来到长安市场。可是他等来的是怎样的结果?一车木炭竟被宦官公然抢走了!老翁顿时变得两手空空,他怎么度过寒冬?他到哪里去获取避寒的衣裳与充饥的粮食?诗人没有说。但字里行间分明可见诗人的满腔怒火,其批判矛头不但直指"宫市"这项弊政恶法,而且直指宦官和藏在他们身后的皇帝本人。这是白居易代表不幸人民对苛政所做的控诉,字字血泪,永远感动着千古读者。

　　白居易的讽喻诗义正词严,疾恶如仇,真正起到了反映民情、干预政治的良好作用,这是文学社会功能的最好体现。从《诗经》、汉乐府到杜诗,中国古典诗歌有一个非常优秀的传统,就是直面社会现实、揭露民生疾苦,白居易继承了这个传统,而且有所发扬。在这个意义上,白居易的讽喻诗不但堪称唐诗中的精品,而且是整个古典诗歌中不可多得的精华部分。描写风花雪月的诗歌当然也是有价值的,但是就整个文坛来说,绝对不能只有风花雪月而缺少对民生疾苦的关注。在这个意义上,白居易的讽喻诗至今仍有深远的教育意义。

琵琶行 并序

[唐]白居易

　　元和十年，予左迁九江郡司马。明年秋，送客湓浦口，闻舟中夜弹琵琶者，听其音，铮铮然有京都声。问其人，本长安倡女，尝学琵琶于穆、曹二善才，年长色衰，委身为贾人妇。遂命酒，使快弹数曲。曲罢悯然，自叙少小时欢乐事，今漂沦憔悴，转徙于江湖间。予出官二年，恬然自安，感斯人言，是夕始觉有迁谪意。因为长句，歌以赠之，凡六百一十六言，命曰《琵琶行》。

　　浔阳江头夜送客，枫叶荻花秋瑟瑟。主人下马客在船，举酒欲饮无管弦。醉不成欢惨将别，别时茫茫江浸月。
　　忽闻水上琵琶声，主人忘归客不发。寻声暗问弹者谁，琵琶声停欲语迟。移船相近邀相见，添酒回灯重开宴。千呼万唤始出来，犹抱琵琶半遮面。转轴拨弦三两声，未成曲调先有情。弦弦掩抑声声思，似诉平生不得志。低眉信手续续弹，说尽心中无限事。轻拢慢捻抹复挑，初为《霓裳》后《六幺》。大弦嘈嘈如急雨，小弦切切如私语。嘈嘈切切错杂弹，大珠小珠落玉盘。间关莺语花底滑，幽咽泉流冰下难。冰泉冷涩弦凝绝，凝绝不通声暂歇。别有幽愁暗恨生，此时无声胜有声。银瓶乍破水浆迸，铁骑突出刀枪鸣。曲终收拨当心画，四弦一声如裂帛。东船西舫悄无言，唯见江心秋月白。

　　沉吟放拨插弦中，整顿衣裳起敛容。自言本是京城女，家在虾蟆陵下住。十三学得琵琶成，名属教坊第一部。曲罢曾教善才服，妆成每被秋娘妒。五陵年少争缠头，一曲红绡不知数。钿头银篦击节碎，血色罗裙翻酒污。今年欢笑复明年，秋月春风等闲度。弟走从军阿姨死，暮去朝来颜色故。门前冷落鞍马稀，老大嫁作商人妇。商人重利轻别离，前月浮梁买茶去。去来江口守空船，绕船月明江水寒。夜深忽梦少年事，梦啼妆泪红阑干。

　　我闻琵琶已叹息，又闻此语重唧唧。同是天涯沦落人，相逢何必曾相识！我从去年辞帝京，谪居卧病浔阳城。浔阳地僻无音乐，终岁不闻丝竹声。住近湓江地低湿，黄芦苦竹绕宅生。其间旦暮闻何物？杜鹃啼血猿哀鸣。春江花朝秋月夜，往往取酒还独倾。岂无山歌与村笛，呕哑嘲哳难为听。今夜闻君琵琶语，如听仙乐耳暂明。莫辞更坐弹一曲，为君翻作《琵琶行》。

　　感我此言良久立，却坐促弦弦转急。凄凄不似向前声，满座重闻皆掩泣。座中泣下谁最多？江州司马青衫湿。

　　此诗作于唐宪宗元和十一年（816），白居易到江边送客，邂逅一位"长安故倡"，并请她弹奏一曲琵琶，这件事情并无重大的意义，也没有曲折离奇的情节，它只是白居易在江州的贬谪生涯中偶然发生的一个小插曲而已。那么，这件小事怎么会引出一首千古绝唱？或者说，

《琵琶行》的成功之奥秘究竟在何处？

　　我们首先会想到的原因是其高超的艺术技巧。无论是叙事、抒情，还是描写，《琵琶行》都达到了炉火纯青的化境。先看叙事：诗人在浔阳江头送别客人，酒酣耳热之际，却缺少丝竹助兴。正当主客双方都觉得兴致索然，打算就此分手的时候，忽然从邻舟传来一阵天乐般的琵琶声，于是主客一起循声寻访，终于请出了弹奏琵琶的那位商妇。等到一曲弹毕，琵琶女自诉生平，引起了诗人的深切共鸣，因为双方都是沦落天涯的失意之人。在叙事上层层深入，环环相扣，引人入胜。再看抒情：琵琶女的伤今抚昔、自感身世，白居易的漂泊江湖、自伤怀抱，都可谓字字是血，声声是泪，感人至深。《琵琶行》全诗便沉浸在一种浓郁的伤感的抒情氛围之中。即使是小序中的一段文字，也富有抒情意味，读来感人肺腑。《琵琶行》最为人称道的艺术成就则是其描写。比如琵琶女的姿态，刚出船舱时是"犹抱琵琶半遮面"，一曲弹毕后是"整顿衣裳起敛容"。活画出一个已嫁作商人妇的"长安故倡"在几位地方官员面前的举止，栩栩如生。《琵琶行》中最出色的描写当然是琵琶声。众所周知，音乐之妙，本是难于诉诸文字的，因为它们毕竟是两种完全不同的艺术门类。简而言之，诗歌是诉诸视觉的，是有相当具体的物象的；而音乐则是诉诸听觉，相当抽象。然而《琵琶行》中对琵琶声的描写，简直出神入化，使人仿佛亲临其境、亲闻其声，真正达到了绘声绘色的艺术水准。

　　尽管《琵琶行》的艺术成就如此之高，但它感动千古读者的奥秘并不在此。高超的艺术水准会使读者由衷钦佩，但不能使读者深受感动。感动读者的唯一因素只能是作品中蕴含的情感。那么，《琵琶行》使我们深受感动的究竟是什么情感呢？简单地说，就是"同是天涯沦落人，相逢何必曾相识"。琵琶女是一个"长安故倡"，她年少时曾名动京师，生活中充满了欢笑。待到人老珠黄，嫁为商人妇，只能独守空船。两种生活状态之间存在巨大的落差。白居易则是一位才高志大的士大夫，他曾在朝廷里担任翰林学士的重要职务，如今却被贬到偏远的江州当一个司马的闲差，他的心里也充满着失意和漂泊的情愫。琵琶女只是一个供人娱乐的歌妓，白居易却是身为朝廷命官的士大夫，两人的身份本来是天差地别的。可是"异质同构"的命运使他们偶然相逢，也使他们之间产生了真诚的共鸣和同情。当琵琶女最后用琵琶声诉说心事，弹奏出"凄凄不似向前声"的时候，为什么"座中泣下谁最多？江州司马青衫湿"？原因就在这里。鲁迅先生有一句名言："贾府上的焦大，也不爱林妹妹的。"（《"硬译"与"文学的阶级性"》）如果鲁迅所说的"爱"只指男女之间的爱情，这话是不错的，贾府里的焦大多半不会爱上林黛玉。但是如果这个"爱"指广义的爱，是包括同情心在内的爱心，那就不一定对了，因为社会地位的差异并不妨碍焦大对林妹妹心存同情。反过来也是一样，林黛玉也完全可能同情焦大。同情是一切善良的人都能具备的本性，共鸣则是有着相似经历的人们都能产生的情感，社会地位的高下，文化修养的高低，贫富贵贱，都不会从根本上阻止人与人之间的这种情感交流。一千两百多年前的白居易与琵琶女之间就产生了这样的情感交流，这种情感与男女之爱没有关系，与功利目的更是毫不沾边，所以它纯洁、真挚、感人。我坚信，《琵琶行》最感动我们的就是渗透在字里行间的同情心，全诗最有意义的警句就是"同是天涯沦落人，相逢何必曾相识"。即使我们漂泊到天涯海角，即使我们感到举目无亲，只要我们怀有善良的情怀，就一定会在陌生的人群中发现共鸣，得到同情。让我们永远牢记"同是天涯沦落人，相逢何必曾相识"的动人诗句，这种美好的情怀会给陌生的环境增添一丝亮色，会给孤独的心灵带来一缕暖意！

钱塘湖春行

[唐] 白居易

孤山寺北贾亭西,水面初平云脚低。
几处早莺争暖树,谁家新燕啄春泥。
乱花渐欲迷人眼,浅草才能没马蹄。
最爱湖东行不足,绿杨阴里白沙堤。

此诗作于唐穆宗长庆三年(823),时白居易在杭州任刺史。钱塘湖即杭州西湖。

此诗描绘了西湖旖旎骀荡的春光,以及自然万物在春天的勃勃生机。诗题中有"春行"二字,西湖的美丽画卷确是随着诗人的行踪逐步展开。首联写其踪:诗人首先来到了孤山寺的北面与贾公亭的西畔,放眼望去,只见湖水平岸,云脚低垂,湖光山色,尽收眼底。次联写禽鸟,因为活泼可爱的鸟类先吸引着诗人的目光:黄莺一大早就忙着抢占最先晒到阳光的"暖树",不知从谁家檐下飞来的燕子则飞到湖边湿地上衔取春泥。此联着意描绘莺莺燕燕的动态,从而洋溢着春天的活力与生机。写过飞翔的禽鸟以后,诗人又把视线转向了静物,于是颈联描写湖边的花草植被。万紫千红的鲜花开满湖边,使人眼花缭乱。

春草初长，刚能掩过马蹄。最后诗人来到湖东的白沙堤，这是从湖岸通向孤山的一道沙堤，堤上杨柳成荫，诗人满心欢喜，弛缰缓行。诗中虽未正面描写诗人的行为，但湖光天色与莺燕花草络绎不绝地进入诗人的视野，生动地显示诗人此行是骑马踏青，他信马由缰，自由自在地观赏初春的西湖美景，非常切合"钱塘湖春行"的诗题。

从艺术上看，此诗的语言平易浅切，风格和婉流畅，是典型的体现出白居易诗风特征的七律名篇。

雁门太守行

[唐]李贺

黑云压城城欲摧,甲光向日金鳞开。
角声满天秋色里,塞上燕脂凝夜紫。
半卷红旗临易水,霜重鼓寒声不起。
报君黄金台上意,提携玉龙为君死。

《雁门太守行》是乐府古题,梁简文帝《雁门太守行》云:"陇暮风恒急,关寒霜自浓……悲笳动胡塞,高旗出汉墉。"可见边塞征战是此题的传统主题,李贺此诗便是继承这个传统而来。但是此诗也有强烈的现实意义,在中唐时期,北方藩镇时常割据叛乱,烽烟不绝。李贺作为关心国事的皇室后裔,非常向往从军边塞为国出力。诗中内容虽难一一确指,但大致是歌颂爱国将士在大敌压境时不惧艰险、决心为国捐躯的壮烈情怀。阅读此诗,其首联最值得关注,它是传诵古今的名句,却又歧解纷纭。据唐人张固《幽闲鼓吹》记载,李贺曾带着诗稿登门谒见韩愈,当时韩愈接待客人后十分疲倦,正想解衣休息,门人呈上李贺的诗卷,韩愈看到首篇中"黑云压城城欲摧,甲光向日金鳞开"二句,眼睛一亮,当即停止解衣,请李贺进来相见。又据宋人王得臣《麈史》记载，王安石看到这两句，批评说："是儿言不相副也。方黑云如此，安得向日之甲光乎？"韩、王皆是大文学家，对此联的态度却是一褒一贬，势若水火。对此，后人议论纷纷。王安石从物候的角度指出此联所写之景不合实际，此说貌似有理，其实不能成立。清人沈德潜即说："阴云蔽天，忽露赤日，实有此景。"（《唐诗别裁集》）其实不但云层之间会有缝隙，而且只要日光是从斜上方射来，黑云当头仍难完全遮蔽。李诗写的多半是向晚时分，此时纵有大片黑云直压城头，又何碍斜阳之光照射金甲？明人杨慎则从另一个角度来反驳王安石："宋老头巾不知诗。凡兵围城，必有怪云变气……予在滇，值安凤之变，居围城中，见日晕两重，黑云如蛟在其侧，始信贺之诗善状物也。"（《升庵诗话》）这是把李诗中的黑云解成兵气所致，而不是正常的天气现象，也可备一说。总之这两句诗并无事实上的瑕疵，相反，它以奇峭浓丽的笔墨把大敌当前的危急形势以及将士斗志昂扬、整装待发的风貌写得惟妙惟肖，从而成为警句。尤其是第一句，已经成为后人经常引用的成语，这是寻章摘句的李贺对诗歌史的重大贡献。

李凭箜篌引

[唐]李贺

吴丝蜀桐张高秋，空山凝云颓不流。
江娥啼竹素女愁，李凭中国弹箜篌。
昆山玉碎凤凰叫，芙蓉泣露香兰笑。
十二门前融冷光，二十三丝动紫皇。
女娲炼石补天处，石破天惊逗秋雨。
梦入神山教神妪，老鱼跳波瘦蛟舞。
吴质不眠倚桂树，露脚斜飞湿寒兔。

  音乐与诗歌属于不同的艺术样式，前者的因素是音符，主要诉诸人们的听觉；后者的因素是文字，主要诉诸人们的视觉，两者基本上不可通约。故凡是反映音乐主题的诗歌，皆需运用比喻等手段来烘托音乐之美，或用听者之感受来表现其效果。在李贺之前写音乐主题的唐诗名篇，如李颀《听董大弹胡笳弄兼寄语房给事》、韩愈《听颖师弹琴》等，莫不如此。李贺此诗也是一样，但它用常见的手段表现出神秘莫测的奇思妙想，建构出一个如梦如幻、美丽神奇的音乐境界，令人耳目一新。

首联先交代乐器材质之珍贵精美，然后将演奏的背景设置为寥廓高爽的秋日空山，以示这次演奏之不同凡响。次联用倒装的句序描写演奏的神奇效果，从江中的女神到天上的女神，都受到乐声的巨大震撼。三联把音乐的效果从人物扩大到动植物，鸟类中的凤凰，植物中的芙蓉与兰花，居然都被感动得或泣或笑，甚至连无情的坚硬之物昆山之玉也被震碎。四联进而描写音乐无远弗届的强大力量，长安城里本是寒气凛冽，热烈的乐声却融化了笼罩在宫门上的冷光，并惊动了幽居深宫的帝王。五联更写乐声传至天上，竟然把女娲炼石补成的天穹震出裂缝，从而漏下连绵的秋雨。六联写演奏者进入神山，将其绝世才艺教授给神女，以至于水中的鱼类与蛟龙随之跳舞。七联写乐声传至月中，那个被谪伐桂的吴质倚树而听，彻夜难眠，任凭露水飘洒，打湿了嫦娥怀中的白兔。真是天上人间，四面八方，尘世仙界，人神动植，全都被乐声笼罩着，全都受到音乐的强烈震撼。诗中充满着丰富的联想及幻觉，许多神话人物以及奇妙场景络绎而来，使人目不暇接。各个层次之间的关系是跳跃性的，却都紧密围绕着音乐这个主题，从而融成浑然一体的奇异境界，并生动地渲染了音乐的奇妙效果。总之，此诗在逻辑上几乎是不可分析的，但在艺术上却是可以感知的，从而在反映音乐主题的唐诗名篇中独树一帜。

咸阳城东楼

[唐] 许浑

一上高城万里愁，蒹葭杨柳似汀洲。
溪云初起日沉阁，山雨欲来风满楼。
鸟下绿芜秦苑夕，蝉鸣黄叶汉宫秋。
行人莫问当年事，故国东来渭水流。

此诗之题目，在许浑手编之《乌丝栏诗》中原作《咸阳西门城楼晚眺》，可从。因为第三句下有原注云："南近磻溪，西对慈福寺阁。"如在城东之楼，则无法眺见城西之寺阁，更不能见到日沉寺阁之景。

许浑诗风的最大特征是对仗精工，铢两悉称。明人高棅将"许用晦之偶对"与"杜牧之豪纵""温飞卿之绮靡""李义山之隐僻"并列为晚唐诗坛之风格特色（《唐诗品汇总叙》），其实温、李二人也是长于对仗的，由此可见许浑在对仗方面之独领风骚。最鲜明地体现这个特征的许浑名篇首推此诗。

此诗颔联脍炙人口，"山雨欲来风满楼"且成为万口传诵的成语。当然对此联的对仗，仍是毁誉参半。批评的意见有两种，一是"阁"字与"楼"字犯重，清人屈复云："次联名句，'阁''楼'相犯……

终是一病。"(《唐诗成法》)这种意见似是而非。对仗固应避免同义词相对而导致"合掌"，但不必回避所有的同类词语，否则如何属对？"阁""楼"二字在专载对仗词句的典籍《词林典腋》《诗腋》中皆属"宫室"一类，正是工对之范例。况且此诗中的"阁"实指寺阁，"楼"则实指城楼，二者之大小、形制相去甚远，为何不能作对？二是上、下句的艺术水平不相称，清人唐孟庄云："次联下句胜上句。"(《删补唐诗选脉会通评林》)有些现代学者甚至认为此联之妙仅在下句，而上句乃依照下句拼凑而成。其实诗人写诗时虽有可能先得下句，然后足成全联，但只要意脉流畅，就并无大碍。由于下句乃神来之笔，且包蕴着深刻的哲理，从而成为千古名句，上句难免相形见绌。但就全联而言，正如金圣叹所云，"二句只是一景"(《贯华堂选批唐才子诗》)，这是夏秋时节暴雨骤至前的常见景象：先是天边涨起乌云，接着狂风大作。身在城楼的诗人先看到云涨日落，再感到风满城楼，于是预感到一场暴雨即将来袭。一联之中，既有视觉，又有听觉与触觉，还有风雨将至引起的思绪，情景交融，浑然一体，工整的对仗丝毫没有阻碍意脉的流动，正如清人查慎行所评："二句工于写景，而无板重之嫌。"(《初白庵诗评》)真是名不虚传的名联。

  此诗的颈联稍为逊色，但也是属对精工的佳联。此联字字皆对，真可谓铢两悉称，但是如此工对并未阻滞意脉之流动，奥秘在于其中蕴藏着朝代变迁的时间长河。诗人从咸阳城楼上远眺，目力所及尽是古代上林苑的废墟。上林苑始建于秦代，自秦惠文王至始皇帝，相继扩建。汉初一度还为民田，到汉武帝时又大规模扩建，至汉末复废。就像王昌龄的诗句"秦时明月汉时关"(《出塞》)一样，此联上下句之间也是互文关系。曰"秦苑"，曰"汉宫"，实指秦代的宫苑与汉代的宫苑相继建于此地，当年是何等富丽繁盛，如今安在哉？唯剩鸟下绿芜、蝉鸣黄叶而已！黄昏渐至，秋风阵阵，诗人心中的沧桑之感油然而生。抒情完全寓于写景，手法高明，亦堪称名联。

此外，许浑诗风的第二个特征是经常出现与水有关的意象，故宋初有人说"许诗千首湿"（《苕溪渔隐丛话》引《桐江诗话》）。此诗首联写到"汀洲"，尾联写到"渭水"，颔联则渲染浓浓的雨意，满篇水汽，真是"千首湿"的好例。首、尾两联中的水意象，都是自然咏及，并无生硬之感。首联中"似汀洲"三字，大可玩味。诗人家在江南水乡，如今在北国看到类似的景象，顿生乡思。妙在只写眼前景物，并未说破思乡之意，意在言外，含蓄蕴藉。尾联意谓渭水波声千古如斯，而河畔的人事却瞬息变幻，故起怀古之思。当然，全诗中最好的水意象是在颔联。云起溪上，当然充满水汽。风带雨意，更是湿意可掬。即使不考虑句中蕴含的深刻哲理，"山雨欲来风满楼"也堪称千古名句，因为它将暴雨将至时的情景、氛围，乃至人们的心理感受写得淋漓尽致。如此的"湿"诗，真乃烟霞满纸！

赤壁

[唐] 杜牧

折戟沉沙铁未销，自将磨洗认前朝。
东风不与周郎便，铜雀春深锁二乔。

唐武宗会昌二年至四年（842—844），杜牧在黄州做刺史，作此诗。黄州（今湖北黄冈）的赤壁是一处突出江岸的石壁，相传这是三国时赤壁大战的发生地。其实真正的赤壁古战场并不在黄州，而在蒲圻县（今湖北咸宁市之赤壁市）。对此，博学多识的杜牧自然心知肚明，但是既然黄州赤壁也被传说是古战场，诗人创作时当然可以化虚为实，从而写下这首怀古名篇。宋人苏轼在黄州写下《念奴娇·赤壁怀古》，又写信给朋友说："传云曹公败所，所谓'赤壁'者，或曰非也。"（《与范子丰》）也是出于这样的心理。

在赤壁进行怀古，当然离不开那场决定天下三分的著名战争，杜牧此诗便着眼于此。首联写在赤壁之下的江沙中挖到一柄折断的铁戟，经过一番磨洗，认出那是古代的兵器，诗人的思绪便被拉回前朝，进而对赤壁大战展开思考。赤壁大战时吴军与曹军隔江对峙，该地长江的流向是从西南向东北，吴军对曹军实施火攻，适有东风大作，是吴军获胜的原因之一。杜牧既精史学，又通兵法，当然知道吴军获胜有着多重原因。《三国志·周瑜传》便明言北人不习舟楫、不服水土等，皆为曹军败因。但写诗不同著史，不必将史实一一缕列，只需选择最为醒目、最具美感的事例足矣。所以当杜牧假设当年吴军未能取胜，其原因便可能是"东风不与周郎便"。出于同理，第四句进而假设吴军战败引起的后果，便说是"铜雀春深锁二乔"。宋人许𫖯评此诗曰："意谓赤壁不能纵火，为曹公夺二乔置之铜雀台上也。孙氏霸业，系此一战。社稷存亡、生灵涂炭都不问，只恐被捉了二乔，可见措大不识好恶。"（《彦周诗话》）后人纷纷讥笑许氏此论，因为"不识好恶"的正是许氏自己。"二乔"是吴国最尊贵的两位女性，她们分别是孙策与周瑜的夫人，故杜牧以二乔被俘来指代吴国的沦亡。具体事例的点缀远胜于抽象的概述，用著名美女"二乔"被幽闭在春色满园的铜雀台中这个具体的事例来指代东吴亡国，显然要比社稷沦亡、生灵涂炭等抽象的叙述生动百倍。所以三、四两句的写法都是诗家灵心慧性的绝妙体现，仔细体味，便能加深理解诗歌与散文的文体差异，这或许是此诗对我们的最大启迪。

泊秦淮

[唐] 杜牧

烟笼寒水月笼沙，夜泊秦淮近酒家。
商女不知亡国恨，隔江犹唱后庭花。

大约在唐武宗会昌六年（846）秋，杜牧从池州刺史移任睦州刺史，途经金陵时夜泊秦淮，作此诗。

金陵是六朝故都，经历过许多朝代兴亡。唐代的诗人来到金陵，首先会想到在这里建都的王朝都不长久，亡国的悲剧一幕又一幕地上演。沧桑之感不由自主地涌上他们的心头，便会产生感慨万千的怀古诗。盛唐的李白诗云："吴宫花草埋幽径，晋代衣冠成古丘。"（《登金陵凤凰台》）中唐的刘禹锡诗云："王濬楼船下益州，金陵王气黯然收。"（《西塞山怀古》）晚唐的许浑诗云："玉树歌残王气终，景阳兵合戍楼空。"（《金陵怀古》）皆是如此。杜牧此诗也是有感于前朝的兴亡，但其写法与众不同。诗题是《泊秦淮》，表明它是一首行旅诗。内容是夜泊秦淮的所闻所见，也似乎确是一首行旅诗。但是诗中蕴含着浓烈的沧桑之感，与上述怀古诗并无二致。

首句写眼前的景象：月色溶溶，烟雾淡淡，秦淮河的碧水与岸边的白沙都笼罩在一片缥缈迷蒙之中。次句点明时间与地点：夜泊秦淮，与河边的酒家相近。秦淮虽然只是一条河流的名字，但由于它环绕着六朝故都而流，故与六朝金粉密切相关，自身便包含着历史的意味。"近酒家"三字，一来是实景，二来引出下文的商女卖唱情节，是为伏笔。三、四两句写酒楼里飘出来歌女的歌声，仔细一听，竟然是臭名昭著的《玉树后庭花》，不由得感慨万千。《玉树后庭花》是六朝最后一位亡国之君陈后主所创，内容淫靡，声调凄凉，早已成为亡国之音的代名词。如今是大唐之天下，竟然还有人在金陵演唱这首靡靡之音，真是不知什么叫亡国之恨！从字面上看，"不知亡国恨"的似是歌女。然而歌女在酒楼卖唱为生，她们唱什么曲子，都由点歌的客人决定。这些客人应以富商为主，但也不乏官员、士人，他们竟然也不知《玉树后庭花》是亡国之音！尾句中的"犹"字，绾合今古，笔力千钧。从荒淫无耻的亡国之君陈后主，到眼前听歌取乐的酒楼客人，时光流逝了三百年，《玉树后庭花》的靡靡之音却一直在秦淮河畔回荡，这让关心国家、忧时伤世的杜牧情何以堪！所以此诗虽与上引诸诗同样抒写有关前朝兴亡的沧桑之感，但它达到的思想境界卓然超群。杜牧感慨叹息的主要对象并非历史上的亡国之君，而是眼前那些醉生梦死的酒楼客人。杜牧所处的时代，内忧外患皆很严重，大唐帝国虽然未到岌岌可危的困境，但日薄西山的末世光景已经呈现。然而包括官员士人在内的酒客们竟然毫无危机之感，竟然还让歌女演唱《玉树后庭花》这样的亡国之音！全诗至此戛然而止，但诗人心中无比悲慨的长叹之声却久久不绝。

总之，此诗在表面上句句紧扣"夜泊秦淮"这个诗题，句句都是对所见所闻的客观描写，全诗的意境浑然一体，是一首情致宛然的行旅诗。然而诗人对前朝兴亡的历史沧桑感，以及对亡国悲剧可能重演的现实忧患感,都深深地浸透在字里行间,它也是一首感慨深沉的怀古诗。一首七言绝句,竟能把行旅与怀古两个主题天衣无缝地绾合在一起,所以意味深长,百读不厌。

商山早行

[唐] 温庭筠

晨起动征铎,客行悲故乡。
鸡声茅店月,人迹板桥霜。
槲叶落山路,枳花明驿墙。
因思杜陵梦,凫雁满回塘。

大约唐宣宗大中十年(856),温庭筠被贬隋县(今湖北随州)尉,南行路经商山(在今陕西商县)时作此诗。

此诗是描写乡村早行主题的唐诗名篇,其中尤以颔联最为著名,宋人陆游称之为"唐人早行绝唱"(《夜坐》诗自注),清人沈德潜甚至认为"早行名句,尽此一联"(《唐诗别裁集》)。这联诗究竟妙在何处呢?明人李东阳解得最好:"'鸡声茅店月,人迹板桥霜',人但知其能道羁愁野况于言意之表,不知二句中不用一二闲字,止提掇出紧关物色字样,而音韵铿锵,意象具足,始为难得。"(《怀麓堂诗话》)所谓"句中不用一二闲字",就是句中没有与意象无关的无用之字。所谓"意象具足",就是意象充足、完备。的确,这两句诗各用五个字营造了三个意象:鸡声、茅店、月;人迹、板桥、霜。诗人只把六个意象连缀成句，除此之外不着一字。这样的写法真是干净利索，从意象营造的角度来说，也可以说意象的密度很高。除"鸡声"之外，五个意象都具有鲜明的画面感，可以称为视觉意象。在万籁俱寂的清晨，响彻远近的"鸡声"则是动人的听觉意象。英国诗歌理论家休姆说："两个视觉意象构成一种视觉和弦。"(《关于现代诗的演讲》)其实若干个视觉意象与听觉意象都能组合成一种和谐的诗境，这两句诗就分别由三个视觉意象或听觉意象构成，句中省去了所有的关联词，它们为读者展现了一幅生动、丰满的早行图景：前句写鸡鸣声声，乡村旅店的茅檐上方斜挂着一钩残月。后句说村前的板桥上积着浓霜，上面印着行人的足迹。句中虽无一字直接抒情，然而早行的苦辛、心境的寂寞皆渗透在那些物象之中，读来恻然有感。古典诗歌本是一种文字省净的简练诗体，最忌冗字芜句。此联堪称简练精警的范例，故历来受人重视。

　　对于全诗，后人不无批评，例如清人冒春荣说："温岐《商山早行》，于'鸡声茅店月，人迹板桥霜'下接'槲叶落山路，枳花明驿墙'……便直塌下去，少振拔之势。"(《葚原诗说》)的确，此诗的后四句稍嫌意薄气衰，对全诗的艺术水准有所拖累，但这并未影响"鸡声茅店月"一联成为流传千古的名句，原因便是此联自身神完意足，具备独立的艺术价值。

思考题

　　据《王直方诗话》记载，宋人欧阳修曾模仿此联作《送张至秘校归庄》云："鸟声梅店雨，柳色野桥春。"你认为他模仿得成功吗？为什么？

夜雨寄北

[唐] 李商隐

君问归期未有期，巴山夜雨涨秋池。
何当共剪西窗烛，却话巴山夜雨时。

此诗作于唐宣宗大中七年（853），时李商隐在梓州（今四川三台）任东川节度使判官。诗题一作《夜雨寄内》，误，因李商隐在两年前丧妻，此后终生未曾再娶。所谓"寄北"，是指寄给在长安的亲友。

此诗其实是以诗代柬的一封短信，故开门见山，明白如话，既不对夜雨做绘声绘色的刻画，也不对雨夜之凄凉做淋漓尽致的渲染。明人周珽分析说："以今夜雨中愁思，冀为他日相逢话头，意调皆新。第三句应转首句，次句生下落句，有情思。盖归未有期，复为夜雨所苦，则此夕之寂寞，唯自知之耳。得与共话此苦于剪烛之下，始一腔幽衷，或可相慰也。"（《唐诗选脉会通评林》）的确，"巴山夜雨"四字在诗中重复出现，第一次是眼前的真情实景，第二次则是揣想将来的回忆。一实一虚，使读者加深了印象，觉得那真是绵绵不绝的一场夜雨。《楚辞·涉江》中说："山峻高以蔽日兮，下幽晦以多雨。"巴山高峻，又地处江边，本是阴晦多雨的地方。适逢秋夜，雨更是下得无休无止，以至于池水都明显上涨了。这夜雨上则笼罩着巴山，下则涨满了秋池，简直弥漫了整个天地。诗人就在这样的雨夜写信答复远方的友人：你来信问我何日才是归期，可是我还没有确定的日期。不知何时我们才能共剪西窗之烛，共话今夜的巴山夜雨。这既是对友人的安慰，也是诗人的自我安慰。诚然，一段寂寞忧伤的经历一旦进入回忆，有时确会变成带有几分甜蜜的话题，这与北宋朱服在《渔家傲》词中所说的"而今乐事他年泪"是同样的道理。可是在此诗中，这种自我安慰反而把眼前的寂寥孤独衬托得格外深沉、浓郁，毕竟"共剪西窗烛"只是遥遥无期的希望而已，而眼前的真实情景却是独对孤烛，独听夜雨。秋夕漫漫，夜雨潇潇，客怀离绪，人何以堪？

无题

[唐] 李商隐

相见时难别亦难，东风无力百花残。
春蚕到死丝方尽，蜡炬成灰泪始干。
晓镜但愁云鬓改，夜吟应觉月光寒。
蓬山此去无多路，青鸟殷勤为探看。

《李商隐集》中有多首《无题》诗，大多属于爱情主题。苏雪林写过一本《李商隐恋爱事迹考》，声称把李商隐诗中隐藏的恋爱故事都考证清楚了。其实那些考证基本上属于捕风捉影，完全经不起推敲。后来苏雪林把书名改成《玉溪诗谜》，意思是把李商隐的爱情诗当谜语一样来猜。尽管苏雪林声称她猜出了很多谜底，但毕竟只是猜测而已。原因何在？就在于李商隐根本不愿意把他心中的秘密告诉别人，后人又何从猜起！尽管李商隐的爱情诗确实像一个个哑谜，但是大家仍然爱读那些诗，因为他确实写得很感人、很美丽。尽管他的话说得吞吞吐吐，扑朔迷离，但诗中的真挚情感完全是发自内心，出于至诚。李商隐的《无题》诗都是美丽的爱情诗，此诗就是其中的名篇之一。

此诗没有展现爱情的完整故事，省去了爱情过程的一切细节，它只是着力刻画离别之后的入骨相思，然而意脉清晰，层次分明，章法极其完整。首联悲叹恋爱之困难与离别之难堪，又以百花凋零之暮春景色进行点染，以交代相思因何而生。颔联形容相思之绵绵不绝，至死方休。颈联分写双方忍受相思之苦的不同情景。尾联强作宽解，表示对爱情仍存一线希望。全诗四联皆很出色，其中尤以颔联最佳，成为万口传诵的警句。此联用了两个生动的比喻：第一，"丝"是"思"的谐音字，南朝乐府《作蚕丝》说"春蚕不应老，昼夜常怀丝。何惜微躯尽，缠绵自有时"，就是借用"丝"来比喻情思的"思"，李商隐当是受到民歌的启发。蚕丝细长而绵绵不绝，正像爱情一样无穷无尽。春蚕吐丝，至死方尽。人们怀情，也是至死方休。第二，失恋之人伤心落泪，正如蜡烛垂泪。蜡烛一经点燃，就不停地流泪，直到整根蜡烛烧成灰烬，蜡泪才会流完。人也一样，受着相思的煎熬，一辈子都在苦苦地思念，直到生命终止。两个生动的比喻，两个优美的意象，把抽象无形的爱情变得真切可感、美丽动人。这两句诗说出了无数痴男怨女内心的缱绻深情，可以用作天下有情人最坚贞的爱情誓言。

　　李商隐的《无题》诗往往写得比较晦涩、比较朦胧，这可能有两方面的原因。首先，在李商隐的时代，礼教观念深入人心，青年男女的爱情不但受到社会风俗的限制，而且受到内心道德枷锁的束缚，诗人根本不可能把爱情表达得十分清晰。这是造成朦胧诗风的客观原因。其次，爱情本来是两个人之间的私人感情，它的性质是温柔的、婉曲的，也是隐秘的、幽微的。在现实生活中，表达爱情的理想方式多半是花前月下的窃窃私语，而不是大庭广众下的高声宣告。后者也许是李商隐把《无题》诗写得如此朦胧深曲的主观原因。

锦瑟

[唐] 李商隐

锦瑟无端五十弦，一弦一柱思华年。
庄生晓梦迷蝴蝶，望帝春心托杜鹃。
沧海月明珠有泪，蓝田日暖玉生烟。
此情可待成追忆，只是当时已惘然。

　　金人元好问说："望帝春心托杜鹃，佳人锦瑟怨华年。诗家总爱西昆好，独恨无人作郑笺。"（《论诗三十首》）清人王士禛说："一篇锦瑟解人难！"（《戏仿元遗山论诗绝句》）可见《锦瑟》难解，几成公论。当然，越是难解的诗，解释者也就越多。当代学者黄世中曾收集历代关于《锦瑟》的笺释，竟多达六十多家，而且言人人殊（详见《李商隐无题诗校注笺评》）。其中比较独特的解释有以下几种：一是说"锦瑟"是令狐楚家一个青衣（即丫鬟）的名字，李商隐爱之而不敢明言，故以隐语写其恋情，持这种说法的有刘攽、李颀等人；计有功则认为锦瑟是令狐楚之妾。二是说这是悼亡诗，持这种说法的人较多，有朱彝尊、何焯、查慎行、冯浩、袁枚、汪存宽、姚莹等。三是说这是咏瑟声"适、怨、清、和"的四种声调，这种说法最早假托于苏轼（见胡仔《苕溪渔隐丛话》），后为张邦基、王世贞等人所认同。四是说《锦瑟》是李商隐自题其诗集的诗体序言，持这种说法的有程湘衡、邹弢、钱锺书等人。五是说这是李商隐自伤身世的诗，持这种说法的有王清臣、杜诏等人。还有人干脆认为这首诗的真实意蕴连李商隐本人也不清楚，如清人黄子云说："原其意亦不自解，而反弁之卷首者，欲以欺后世之人，知我之篇章，兴寄未易度量也。"（《野鸿诗的》）可以预料，关于《锦瑟》主题的争论，今后还会继续下去，永无尽头。但是，歧解纷纭的情况并不会影响读者对《锦瑟》的欣赏。因为虽无确解，但诗中展示了一个幽深凄美的境界，刻画了迷茫缠绵的心绪。这是对消逝已久的爱情经历的回忆，还是对已成旧梦的平生往事的追思？读者说不清楚也没关系，因为梦境本来就是迷离恍惚、如真如幻的。况且全诗的文字是如此精密，意象是如此优美，即使主旨深晦也不会影响其审美价值。朦胧诗的特征就是朦胧，如果硬要把它解释得十分清晰，反倒失去其本来面目了。对于李商隐的《锦瑟》诗，最好的读法就是"以不解解之"，因为它本是唐诗中最难索解也最为优美的一首朦胧诗！

贾生

[唐]李商隐

宣室求贤访逐臣,贾生才调更无伦。
可怜夜半虚前席,不问苍生问鬼神。

贾谊被贬长沙,千古称屈,后代诗人吟咏贾谊,也都聚焦于其怀才不遇、遇谗被贬。李商隐此诗的取材角度非常特殊,它一字不提贾谊被贬长沙之事,反而从贾谊被汉庭召回写起。汉文帝七年(前173),贾谊从长沙被召回长安,而且很快受到汉文帝的召见。《史记》记载说:"贾生征见。孝文帝方受釐,坐宣室。上因感鬼神事,而问鬼神之本。贾生因具道所以然之状。至夜半,文帝前席。"李商隐对此大感惋惜:汉文帝与贾谊一直谈到夜半,文帝还在坐席上移近对方,可见他听得多么入迷。可惜他向贾谊请教的竟是鬼神之事,而一语不及天下苍生。是啊,受到皇帝的召见和咨询,这本是帝制时代士大夫最大的荣幸。可是对贾谊来说,他关于国计民生的满腹经纶不被重视,却以"鬼神之本"受到皇帝的重视,这岂不是更深层次的怀才不遇!此诗当然含有讥刺晚唐诸帝服药求仙、不恤民生之意,但其主旨则是借题发挥,抒发怀才不遇之愤懑。李商隐才华横溢,却命途多舛,胸中素有

"古来才命两相妨"(《有感》)的牢骚,以及"贾生年少虚垂涕"(《安定城楼》)的人生感慨,贾谊就是他的异代知己。别人对贾谊的同情都是针对其被逐遭谪,李商隐却独具慧眼,指出朝廷虽然召回贾谊,文帝虽然向贾谊求教且夜半前席,但根本没有重视其关于国家政治的满腹经纶,这才是贾谊最大的人生悲剧。此诗的写法也值得注意,前面二句叙说皇帝求贤、召回贾谊,完全是肯定的语气。第三句写文帝虚心向贾谊请教,竟至夜半前席,事情本身也仿佛值得肯定,然而句中突兀地插进一个"虚"字,指出文帝此举毫无意义。第四句便顺理成章地转为辛辣的讽刺,文气之抑扬顿挫,感慨之深沉含蓄,皆至妙境。

延伸阅读

宋·王安石《贾生》:"一时谋议略施行,谁道君王薄贾生。爵位自高言尽废,古来何啻万公卿。"试与此诗对读,并说说它们的异同。

虞美人

[南唐] 李煜

春花秋月何时了，往事知多少。
小楼昨夜又东风，故国不堪回首月明中。

雕栏玉砌应犹在，只是朱颜改。
问君能有几多愁，恰似一江春水向东流。

  此词作于宋太宗太平兴国三年（978），时李煜在汴京（今河南开封）。

  陆游《南唐书》对李后主的评价是："虽仁爱足以感其遗民，而卒不能保社稷。"李后主其人，实在是个多情善感的艺术家，只因错生于帝王之家，才导致身为俘虏终遭毒死的悲惨命运。他被俘入宋后，在屈辱与困窘中度过了生命中的最后两年。正是他在这两年间所写的词作，感动了后代的无数读者，为他在千年词史上赢得了不朽的名声。这首《虞美人》便是其中最负盛名的代表作。王国维对李后主的晚年词作有非常经典的评价："尼采谓：'一切文学，余爱以血书者。'后主之词，真所谓以血书者也。宋道君皇帝《燕山亭》词亦略似之，然道君不过自道身世之感，后主则俨有释迦、基督担荷人类罪恶之意，其大小固不同矣。"（《人间词话》）那么，李后主词所抒写的不过是一位亡国之君的个人愁怨，怎么说得上"俨有释迦、基督担荷人类罪恶之意"？这是由于李后主词具有高度的抽象性，他抒写的痛苦心情并不带有具体详细的特定内涵，"亡国之君"的身份标志并不显著。同样是追忆亡国之前的富贵荣华，宋徽宗《燕山亭》中有"新样靓妆，艳溢香融，羞杀蕊珠宫女"之类的华美字句，而后主词只以"雕栏玉砌"点到辄止。后主词中抒写的失意、惆怅、孤独、悔恨、痛苦、忧惧等种种情愫，都经过了高度的概括，都具有普适性的意义，可以引起身份各异的广大读者的深切共鸣。因此，"以血书者"的后主词发自内心绝无虚饰的抒情，感动着千千万万的普通读者，那便是"俨有释迦、基督担荷人类罪恶之意"，此外不必深求。

李后主词的艺术特色，夏承焘先生归纳成三点："清丽的语言、白描的手法和高度的艺术概括力。"（《唐宋词欣赏》）其中尤以白描手法最值得称道。清人周济曾评温庭筠、韦庄与李后主的不同词风："毛嫱、西施，天下美妇人也。严妆佳，淡妆亦佳，粗服乱头，不掩国色。飞卿，严妆也；端己，淡妆也；后主则粗服乱头矣。"（《介存斋论词杂著》）所谓"粗服乱头"，意同"天然去雕饰"，这是一种最高境界的白描手法。这首《虞美人》就是如此，它在内容上直抒胸臆，形式上径用白描，故而百读不厌，感人至深。

望海潮

[宋] 柳永

东南形胜，三吴都会，钱塘自古繁华。
烟柳画桥，风帘翠幕，参差十万人家。
云树绕堤沙，怒涛卷霜雪，天堑无涯。
市列珠玑，户盈罗绮，竞豪奢。

重湖叠巘清嘉，有三秋桂子，十里荷花。
羌管弄晴，菱歌泛夜，嬉嬉钓叟莲娃。
千骑拥高牙，乘醉听箫鼓，吟赏烟霞。
异日图将好景，归去凤池夸。

此词大约作于宋仁宗至和元年（1054），乃赠予孙沔者。孙沔时以资政殿学士知杭州，故词中称其"千骑拥高牙"云云。全词虽有献词地方长官以求赏识之意，但其主要内容则是对杭州风貌的客观描写。柳永以他最擅长的赋家之笔层层铺写，由宏观而微观，由陆而水，由远而近，时而气势博大，时而笔触细腻，淋漓尽致地描绘了杭州城这座"人间天堂"的美丽与富庶，处处洋溢着生机与欢乐，从而展开了一幅江南都会在和谐盛世的历史画卷。

此词的写法有两大特点，一是以铺叙见长，先后从地理位置之优越、山川风景之壮丽、经济民生之繁荣、市民游乐之旺盛、高官吟赏之从容等各个方面对杭州进行描绘，从而多角度地展现了这个繁华都会的全貌。这种写法常见于汉赋等文体，柳永移用于词体，这是他对长调艺术的特殊贡献。二是前代的写景诗词主要着眼于山川风景，表达的是士大夫的高雅眼光。此词则兼及风土人情，甚至将主要篇幅用于后者，这是柳词偏重市民情趣的典型体现。比如上片先写杭州的地理特征，但是"钱塘自古繁华"一句却点明词人的主要兴趣在于杭州繁荣发达的社会风貌。"烟柳画桥"三句表面上是写景，但仔细分析，则"画桥"和"风帘翠幕"纯属建筑、装饰等人工之美，它们正是"参差十万人家"的人文景观。"云树"以下三句描绘钱塘江涛之壮丽，本属自然之美，但"市列珠玑"三句又将目光转回市民生活的场景。"珠玑""罗绮"云云，在晏、欧等同代词人笔下皆是避之唯恐不及的俗物，但柳永却津津有味地罗列之，甚至对"竞豪奢"的民风颇为赞赏。下片专咏西湖，但重点却是游湖之人而非湖景自身。所以，前人常用来表达隐逸情趣的钓翁，在柳永笔下却与"莲娃"一样成为市民游乐活动的象征。正因如此，此词中富丽的景象与欢乐的气氛融于一体，组成了一种祥和美丽的境界，引人入胜。相传此词在日后传至外邦，竟引起金主完颜亮的南侵之念，虽查无实据，却事出有因。

渔家傲·秋思

[宋]范仲淹

塞下秋来风景异，衡阳雁去无留意。
四面边声连角起，千嶂里，长烟落日孤城闭。

浊酒一杯家万里，燕然未勒归无计。
羌管悠悠霜满地，人不寐，将军白发征夫泪。

　　范仲淹是北宋名臣，素以天下为己任。当时西夏元昊称帝，时常侵扰宋境，成为北宋的心腹大患。宋仁宗康定元年（1040），范仲淹出任陕西经略安抚副使兼知延州（今陕西延安），奔赴西北边防。仁宗庆历元年（1041），范仲淹徙知庆州（今甘肃庆阳），至庆历三年（1043）边事稍宁后方还朝，此词即作于庆州。范仲淹守边有策，威震敌国，西夏兵不敢轻犯，相戒曰："小范老子腹中自有数万甲兵。"边民则为之谣曰："军中有一范，西贼闻之惊破胆。"然而当时北宋军力较弱，范仲淹亦无完胜强敌之良策，只能加强城防，尽责守边而已。在一个秋日，范仲淹看到鸿雁南飞，听到边声四起，不由得心怀悲凉。长烟落日，坐落在千万座山嶂间的山城显得格外孤独。想起万里之外的家乡，只能饮酒浇愁。要想如同东汉窦宪那样大破匈奴、勒功燕然，只是理想而已。然而身负守边重任，又怎能一心思归？史载庆历三年（1043）朝廷召范仲淹与韩琦还朝，二人多次上章表示"愿尽力塞下，不敢拟他人为代"，朝廷不许，二人始还朝。可见"归无计"者，非不能也，乃不愿也。此时范仲淹年过半百，这位爱护部伍的老将军深知长年守边的士卒思家心切，他本人也早已愁白了头发，于是在羌管悠悠的严寒之夜难以成眠。此词写景雄浑苍茫，抒情悲壮苍凉，且将英雄气概与儿女情怀熔于一炉，是宋词中别开生面的杰作，也是宋代豪放词的先声。相传欧阳修戏称此词为"穷塞主之词"（见魏泰《东轩笔录》），其实此词真切生动地写出了一位边防将领的复杂情感，堪称"守边大将之词"。

浣溪沙

[宋] 晏殊

一曲新词酒一杯，去年天气旧亭台。夕阳西下几时回？
无可奈何花落去，似曾相识燕归来。小园香径独徘徊。

　　晏殊入仕较早，地位显要，人称"太平宰相"。由于他一生富贵，其文学创作缺少广阔的社会内容，也缺少深沉的人生体验。晏殊的文学成就以词最为突出，虽然主题多为闲愁逸致，但感情细腻，文笔清丽，仍有不少清新可诵之作，此词即为其中名篇。全词仅六句，叙事的手法极其简洁，场景却相当生动，词人的心态也表达得相当清晰。上阕写在小园内宴饮听歌的情形。据叶梦得《避暑录话》卷上记载，晏殊性喜宴客，席间常有歌女清唱侑觞，他也亲自撰写诗词，自称"呈艺"。晏殊鄙视柳永那种俚俗的词风，故歌女所唱多半是自己新撰之词。诗酒风流，其乐融融。然而词人忽然想起去年此时，同样的天气，同样的楼台，顿生惆怅之感。于是他喃喃问道："夕阳西去，几时再得回来？"下阕首二句向称名句，对仗工巧，文字清丽，意蕴也很深永。暮春时节，落红成阵，难免使人伤感。然而花盛而衰，这是自然规律，无论人们如何惋惜，也于事无补。"无可奈何"四字，精确地表达了词人既感惆怅又力图自我安慰的心情。词人又注意到梁间飞舞的燕子，它们似乎就是去秋离开的那一对，如今重返旧巢。"似曾相识燕归来"一句既表达了词人初睹归燕的亲切感，也意味着消逝的美好事物并未归于空无。时光流逝、韶华难留是人生的一大缺憾，即使人生畅达者也难以避免，此词真切地表达了这种感受，又出以清丽的字句和委婉的风调，遂成名篇。

采桑子

[宋] 欧阳修

轻舟短棹西湖好,绿水逶迤。
芳草长堤,隐隐笙歌处处随。

无风水面琉璃滑,不觉船移。
微动涟漪,惊起沙禽掠岸飞。

此词中的"西湖"位于颍州(今安徽阜阳)。北宋的颍州是东京汴梁的畿辅之地,也是南北漕运和商旅来往的要道。欧阳修四十三岁时任颍州知州,从那时起,他就深喜此地幽美的自然环境与淳厚的风土人情,立意终老于斯。宋神宗熙宁四年(1071),历经宦海风波的欧阳修致仕,退居颍州,终于实现了多年的夙愿。他在颍州先后写下十三首《采桑子》,前十首专咏西湖,每首第一句都以"西湖好"三个字结尾,从不同侧面描写西湖美景。

此词是《采桑子》组词中的第一首,描写春天的西湖之美。上片写堤岸风景,笔调轻松而优雅。词人来到湖上游春,轻舟短桨,不妨慢慢游赏,在无限春光里尽情流连,此句奠定了整首词的感情基调。

船儿渐行渐远，绿波荡漾绵延无边，长堤上芳草碧连天。西湖春色惹人心醉，更何况船上演奏的音乐处处伴随，赏心乐事，相得益彰。下片写湖上行舟的悠然境界。无风的水面清澈而又平滑，好似琉璃一般，几乎感觉不到船儿在移动，不过两旁泛起的微微细浪还是惊动了水鸟，它们飞快地掠过湖岸。这如同仙境的画面折射出欧阳修晚年悠然自得的心态。全词以轻舟行进为线索，渐次写出堤岸和湖面的景物特征，并将游人之悠闲意趣融入其中，一个立体而富有动感的西湖呈现在读者面前，美不胜收，"西湖好"的主旨得到了淋漓尽致的诠释。

登飞来峰

[宋] 王安石

飞来山上千寻塔，闻说鸡鸣见日升。
不畏浮云遮望眼，自缘身在最高层。

  此诗作于宋仁宗皇祐二年（1050）夏，时王安石从知鄞县（今浙江宁波）任满返回江西临川故里，途经越州（今浙江绍兴），游飞来山。此时王安石年仅三十岁，初入仕途，年少气盛，抱负不凡，于是借咏登塔发抒胸臆，寄托壮志，是其前期诗风的典型代表作。

  这是一首登高览胜之作，因诗人非同寻常的胸襟怀抱而写得出类拔萃。起句写峰顶有塔，峰已高峻，峰上更有千寻之塔，气势非凡。若是在平地，鸡鸣时分日尚未出。但峰顶的宝塔地势极高，故相传鸡鸣时分已可见到太阳升起。在北宋仁宗时期，国家表面上平安无事，实际上积弊日深，"冗吏""冗兵""冗费"使国家积贫积弱。王安石怀着变革现实的雄心壮志，希望有朝一日扭转乾坤，施展治国平天下的才能。正如罗大经《鹤林玉露补遗》中所说，"荆公少年，不可一世"。当他登上塔顶，俯视山下，世间万物，尽收眼底，那飘荡的云朵再也挡不住视线。这也许是诗人的眼前实景，但也是他对自身胸怀的坦率披露。唐代王之涣诗云"欲穷千里目，更上一层楼"(《登鹳雀楼》)，杜甫诗云"会当凌绝顶，一览众山小"(《望岳》)，都是说登高方能望远的道理。王安石则先果后因，说自己能够望远，是由于身居峰顶塔尖。一副居高临下、舍我其谁的气魄，洋溢于字里行间。古人常用"浮云"比喻奸邪小人，说他们能遮蔽贤士忠臣，陆贾《新语·慎微篇》云："故邪臣之蔽贤，犹浮云之障日月也。"李白诗中也说："总为浮云能蔽日，长安不见使人愁。"(《登金陵凤凰台》)"不畏浮云遮望眼，自缘身在最高层"二句反用李白句意，宣称自己不怕浮云遮住远望的视线，气魄之豪迈，古今罕见。日后王安石在宋神宗朝拜相变法，任凭反对派如何人多势众，始终勇往直前，那种胸襟气度，在这首《登飞来峰》中已见端倪。

桂枝香·金陵怀古

[宋] 王安石

登临送目，正故国晚秋，天气初肃。
千里澄江似练，翠峰如簇。
归帆去棹残阳里，背西风，酒旗斜矗。
彩舟云淡，星河鹭起，画图难足。

念往昔，繁华竞逐，叹门外楼头，悲恨相续。
千古凭高对此，谩嗟荣辱。
六朝旧事随流水，但寒烟衰草凝绿。
至今商女，时时犹唱，后庭遗曲。

此词作于宋英宗治平三年（1066），时王安石在江宁。

在金陵建都的朝代大多国祚不永，换句话说，金陵这座"帝王州"曾上演过许多亡国悲剧，于是"金陵怀古"成为历代诗人抒发沧桑之感的绝佳主题。此词中多次化用谢朓、杜牧的诗句，正是对传统的移植和继承。用原属"艳科"的词体来写怀古主题，当然有相当的难度。据杨湜《古今词话》记载，"金陵怀古，诸公调寄《桂枝香》者三十余家,独介甫为绝唱。"那么,此词是如何做到移花接木,且推陈出新的呢?首先,词人将传统词体在主题走向、文字风格上的柔靡轻艳习气一洗而空,全词文笔洗练,语气庄重,虽是长短句,风格却浑如五七言古风。其次,此词主题虽是怀古,却先从登临写起,全词皆有浓重的个人抒情色彩。上片写晚秋时节登高望远,一幅故国晚秋之画面在词人眼中徐徐展开。下片抒兴亡之感,纯是触景生情,是词人面对着六朝故都的历史遗迹油然而兴的现场感受。于是景乃荆公所见之景,情乃荆公所生之情,这就摆脱了一般怀古诗词的陈词滥调,生动地表达了一位胸襟阔大、眼界高远的政治家对于历史的独特感受和深沉思考。试看"千古凭高对此,谩嗟荣辱"之句,其眼界、气度何等卓异不凡!再读"至今商女,时时犹唱,后庭遗曲",词人对现实国运的隐忧也跃然纸上。王安石虽然很少作词,但此词出手不凡,堪称北宋词坛上最早"以诗为词"的成功尝试。相传苏轼见到此词后喟然叹曰:"此老乃野狐精也!"(《古今词话》)这是开创一代词风的苏轼对先行者的由衷赞叹。

江城子·乙卯正月二十日夜记梦

[宋] 苏轼

十年生死两茫茫。不思量，自难忘。
千里孤坟，无处话凄凉。
纵使相逢应不识，尘满面，鬓如霜。

夜来幽梦忽还乡。小轩窗，正梳妆。
相顾无言，惟有泪千行。
料得年年肠断处，明月夜，短松冈。

此词作于宋神宗熙宁八年（1075），时苏轼在密州（今山东诸城）任知州，词的内容是追忆亡妻王弗。

宋仁宗至和元年（1054），东坡娶王弗为妻，当时东坡十九岁，而王弗才十六岁。结婚之后，夫妻两人非常恩爱。可惜到宋英宗治平二年（1065）五月，王弗即在汴京病逝。次年苏轼把王弗的灵柩运回眉山，安葬在苏轼母亲墓侧的小山冈上，并在坟墓周围栽了许多松树。十年后的一个夜晚，苏轼梦见王弗，乃作此词。古今的悼亡诗词中佳作无数，这首《江城子》堪称感人最深的几首之一。它质朴无华，直诉胸臆,宛如久别重逢的夫妻在喃喃私语。上片说死生相隔,但怎能相忘?可是亡妻的孤坟远在千里之外,自己却依然在人世间四处飘荡,历尽沧桑,尘土满面,两鬓如霜。即使相逢,恐也难以相识。下片说昨夜梦中还乡,见到正在窗前梳妆的亡妻。两人相顾无言,只能流泪不已。那月光如水、松影扶疏的小山冈,正是永远的伤心之地啊!

金人王若虚《滹南诗话》云:"晁无咎云:'眉山公之词短于情,盖不更此境耳。'……是直以公为不及于情也。呜呼!风韵如东坡,而谓不及于情,可乎?彼高人逸士,正当如是。其溢为小词,而间及于脂粉之间,所谓'滑稽玩戏,聊复尔尔'者也。"这段话是针对苏轼笔下偶然涉及歌儿舞女的婉约词而言,但对我们理解此首《江城子》也深有启发。晁补之说苏词"短于情",当指其不像柳永或晏几道那般频繁地描写男欢女爱或男女相思,这个判断符合事实,但因此而称苏词"短于情",则大谬不然。正如王若虚所言,苏轼感情丰富,举止潇洒,岂会"不及于情"?与柳、晏不同的是,苏轼作词,绝不沉溺于男女私情,而是描写真实的人生,抒发深沉的情怀。举凡聚散离合、喜怒哀乐,无不成为词料。苏词中的"情",其内涵之丰盈,程度之深挚,皆远胜于柳、晏之俦。这首《江城子》就是一个范例。苏轼夜梦亡妻,追忆平生,乃成此作,其情感之纯真深厚,与那种虚拟之作不可同日而语。全词明白如话,直抒胸臆,渗透着死生相隔、人生艰辛等复杂情愫,感人至深,催人泪下,这才是真正的深于情。仅凭此词,我们就能断言:东坡何其深情也!

江城子·密州出猎

[宋] 苏轼

老夫聊发少年狂。左牵黄，右擎苍。
锦帽貂裘，千骑卷平冈。
为报倾城随太守，亲射虎，看孙郎。

酒酣胸胆尚开张。鬓微霜，又何妨！
持节云中，何日遣冯唐？
会挽雕弓如满月，西北望，射天狼。

　　此词作于宋神宗熙宁八年（1075），时苏轼在密州。当年十月，苏轼以知州身份出郊祭祀常山以祷雨，归途中会猎于铁沟，作《祭常山回小猎》《和梅户曹会猎铁沟》等诗，前者云："圣朝若用西凉簿，白羽犹能效一挥。"苏轼日后在乌台诗案中交代说"西凉簿"乃指晋代凉州主簿谢艾，谢虽为书生，然识兵略，曾击败石虎部将之进犯。可见苏轼因围猎而兴从戎之志，希望为国御侮，可与此词中"西北望，射天狼"之句互相印证。正因如此，此词从内容到风格，皆与当时流行词坛的婉约词分道扬镳。黄犬苍鹰的雄健意象，挽弓射星的豪放举动，这在以往的词苑中几曾现过身影？无怪苏轼写出此词后，抑制不住内心的兴奋，写信告诉好友鲜于子骏："近却颇作小词，虽无柳七郎风味，亦自是一家，呵呵。数日前猎于郊外，所获颇多。作得一阕，令东州壮士抵掌顿足而歌之，吹笛击鼓以为节，颇壮观也。"这当然是苏轼对自己开拓新词风的自我肯定，同时也说明他刚开始在传统词风之外尝试着另辟新境，他对柳永词的造诣依然心存敬畏。清人刘熙载引用苏轼此信后说："一似欲为耆卿之词而不能者。"（《艺概·词概》）刘氏的理解可谓失之毫厘，其实苏轼的言下之意不是"欲为耆卿之词而不能"，而是"欲与耆卿一比高下而不能"。东坡并不想模仿柳永（字耆卿）的词风，而是想在柳词境界之外另辟一境。

　　阅读此词，可以得到多方面的启发：一、从创作灵感到题材选择，苏轼对诗、词一视同仁，凡是可以入诗者皆可入词，所以"以诗为词"是其必然结果。二、苏轼作词既已打破歌筵舞席等传统题材范围，其内容和旨意也就呈现全新的风貌。此词中率众围猎、骑马射箭的场面，豪情满怀、壮志激烈的情感，都是此前词史所罕见的。三、此词在风格上已是名副其实的豪放词，表面上好像是特殊题材所引起的偶然现象，但苏轼既然明言"虽无柳七郎风味，亦自是一家"，可见他已有在婉约词风之外另辟新境的主观意图。至于"令东州壮士抵掌顿足而歌之"云云，更说明苏轼对豪放词的特殊音乐之美已有清晰的体认。

水调歌头

[宋] 苏轼

丙辰中秋，欢饮达旦，大醉，作此篇，兼怀子由。

明月几时有？把酒问青天。
不知天上宫阙，今夕是何年。
我欲乘风归去，又恐琼楼玉宇，高处不胜寒。
起舞弄清影，何似在人间。

转朱阁，低绮户，照无眠。
不应有恨，何事长向别时圆？
人有悲欢离合，月有阴晴圆缺，此事古难全。
但愿人长久，千里共婵娟。

此词作于宋神宗熙宁九年（1076），时苏轼在密州，其弟苏辙则在济南（今属山东）。苏轼、苏辙手足情深，熙宁七年（1074）苏轼在杭州通判任满改官，主动向朝廷请求调往比较贫穷的东州任职，就是想离济南近一点儿，此时兄弟两人已有五年未曾见面，故词序中有"兼怀子由"之语。

相传宋神宗读到此词后说："苏轼终是爱君。"（见鲖阳居士《复雅歌词》）其实此词的意旨不是爱君，而是热爱人间，所以连凡人最希望的白日飞升，他也弃之不顾。全词通篇咏月，却又处处与人间相关，它不仅是中秋佳节或天上明月的颂歌，更是一首人间的颂歌。首句突兀而起，显然与李白的"青天有月来几时？我今停杯一问之"（《把酒问月》）一脉相承，但语意更加直截显豁，也更加发人深省。接下来是一连串的奇思妙想：想要乘风飞升，直入月宫，只恐难以忍受那高处的寒冷。还不如留在人间，月下起舞，清影随身，远胜于像嫦娥那样永久居住在广寒宫里。言下之意是天上仙界远不如人间温暖可爱。下阕转入怀人主题，仍然句句绾合月光。"转朱阁"等三句，写月光入户，照人无眠。为何无眠？当然是怀人所致。于是词人诘问月亮，你与人间并无怨恨，为何偏在人们离别之时变圆呢？这一问，问得无理，却问得多情。当然，词人明知月不常圆，人多离散，难以两全其美。于是他郑重许愿：但愿人们都健康长寿，隔着千里共赏那一轮明月！南朝谢庄《月赋》云："美人迈兮音尘阙，隔千里兮共明月。"苏词尾句从中化出，但境界更高，从而成为具有普适意义的美好愿望。南宋胡仔云："中秋词自东坡《水调歌头》一出，余词尽废。"（《苕溪渔隐丛话》后集）其奥秘在于它说出了人们在中秋之夜面对一轮圆月时的共同感受，也表达了人们此时此刻的共同心愿。中秋是无与伦比的良辰美景，苏轼的《水调歌头》是无与伦比的绝妙好辞。年年岁岁，只要中秋之夜的明月清辉不减，只要人们希望家人团聚的美好愿望不变，大家都可在中秋之夜高声吟诵《水调歌头》，对着一轮圆月向人间致以最美好的祝愿！

卜算子·黄州定惠院寓居作

[宋] 苏轼

缺月挂疏桐，漏断人初静。
谁见幽人独往来，缥缈孤鸿影。

惊起却回头，有恨无人省。
拣尽寒枝不肯栖，寂寞沙洲冷。

此词作于宋神宗元丰三年（1080），时苏轼谪居黄州（今湖北黄冈）。定惠院是寺院之名，位于黄州。

黄庭坚评此词曰："语意高妙，似非吃烟火食人语。非胸中有万卷书，笔下无一点尘俗气，孰能至此！"（《跋东坡乐府》）达到如此境界的词作，必定有所寄托。究竟有什么寄托呢？后人议论纷纷。袁文《瓮牖闲评》、吴曾《能改斋漫录》等书称此乃东坡被贬黄州后为邻家女子而作，固是凿空乱道。俞文豹逐句解析云："'缺月挂疏桐'，明小不见察也。'漏断人初静'，群谤稍息也。'谁见幽人独往来'，进退无处也。'缥缈孤鸿影'，悄然孤立也。'惊起却回头'，犹恐谗慝也。'有恨无人省'，谁其知我也。'拣尽寒枝不肯栖'，不苟依附也。'寂寞沙洲冷'，宁甘冷淡也。"（《吹剑录》）句句落实，亦属穿凿附会。其实此词并不难解，无须刻意求深。苏轼以戴罪之身初到黄州，栖身寺院，举目无亲。乌台诗案带来的恐惧感尚未完全消失，除长子苏迈之外的家人皆在筠州，与黄州土著的交往尚未开始，于是孤寂之感充斥心头。他在夜深人静的时候独自来到江边，自觉颇像一位幽居之士。是夜，苏轼果真看到一只孤雁，还是出于想象？我们已无法断定。但是毫无疑问，词中那只寒夜惊飞，既无伴侣又无处栖宿，最后孤独地栖息在沙滩上的孤雁，正是惊慌失措、无处容身而又不改高洁品行的"幽人"的象征。幽人像孤鸿，孤鸿也像幽人，当然，他们也就是词人自身。寄托深微而浑然无迹，正是比兴手法的妙境。此时的苏轼刚刚走出御史台的大牢，对于文字之狱心有余悸，他当然要用婉曲深微的比兴手法来抒写内心的忧愤之情，细读此词，不难体会到字里行间的压抑与苦闷。

思考题

有人认为"拣尽寒枝不肯栖"一句有语病，因为"鸿雁未尝栖宿树枝，惟在田野苇丛间"（《苕溪渔隐丛话前集》）。对此，金人王若虚反驳说："东坡雁词云'拣尽寒枝不肯栖'，以其不栖木，故云尔。盖激诡之致，词人正贵其如此。而或者以为语病，是尚可与言哉！"（《滹南诗话》）你同意这种意见吗？

念奴娇·赤壁怀古

[宋] 苏轼

大江东去，浪淘尽，千古风流人物。
故垒西边，人道是，三国周郎赤壁。
乱石穿空，惊涛拍岸，卷起千堆雪。
江山如画，一时多少豪杰。

遥想公瑾当年，小乔初嫁了，雄姿英发。
羽扇纶巾，谈笑间，樯橹灰飞烟灭。
故国神游，多情应笑我，早生华发。
人生如梦，一尊还酹江月。

此词作于宋神宗元丰五年（1082），时苏轼谪居黄州（今湖北黄冈）。具体的写作时间不很明确，从词中写到的滔滔江水来看，只能肯定不是在"水落石出"的冬季。写作地点则多半是在舟中，因为"乱石穿空"应是在江面上仰视赤壁所得的印象。当苏轼仰眺高耸的石壁，又俯瞰滚滚东流的江水时，觉得如此险要的地形真是天然的好战场，当年万舰齐发、烈焰映空的战争场景便如在眼前。于是词人举杯酹月，写下这首慷慨激烈的怀古词。

　　值得注意的是，周瑜在赤壁留下的事迹是打仗，他的身份是武将，但此词中却强调他还有文采风流的一面。史书中没有记载周瑜能写诗，只说他精通音乐，并非赳赳武夫。此词则把他刻画成一副"羽扇纶巾"的儒将形象，又特别点出他与美女小乔的新婚燕尔（事实上周瑜是九年前迎娶小乔的，此时已经生过"三胎"），以此衬托其文采风流。文武双全，功业彪炳，这样的周瑜才是苏轼心目中的风流人物。苏轼用周瑜来反衬自己心头的失意之感：古代的英雄人物曾经在历史舞台上纵横驰骋，多么威武雄壮，多么风流潇洒！自己年近半百却一事无成，往昔的雄心壮志都已付诸东流，若与少年得意、雄姿英发的周郎相比，更显得自身是这般委琐、渺小！

　　从表面上看，这首词中充满着人生如梦的思绪、年华易逝的慨叹，情绪相当低沉。但是这只是它的一个侧面，它的另一面，也就是其基调，其实是否定这种低沉消极的境界，转以开朗、积极为主要精神导向。从全词来看，词人的心情映衬在江山如画的壮阔背景下，又渗入了面对历史长河的苍茫感受，变得深沉而且厚重。而对火烧赤壁的壮烈场面与英雄美人的风流韵事的深情缅怀又给全词增添了雄豪、潇洒的气概，相形之下，词人的低沉情愫便不像是全词的主旨。也就是说，此词中怀古主题是占主导地位的，词人的身世之感则是第二位的。苏轼将它题作"赤壁怀古"，名副其实。正因如此，虽然后人对此词的情感内蕴见仁见智，但公认它是苏轼豪放词的代表作，都认为演唱此词必须用铜琵琶、铁绰板来伴奏。况且古人主张知行合一，要想准确理解中国古代诗词的思想内蕴，必须参照作者的整个人生行为。只有始终付诸实践的人生理念，才是人们的真实心声，口头上的门面话或牢骚话是不足以当真的。无论是贬谪黄州之前，还是离开黄州以后，苏轼的所作所为都与厌倦人生、消极逃避的态度截然相反。离开黄州之后的苏轼还有十六年的人生道路要走，他怎么可能从此躺倒，消极无为？人生有如江河，既有一泻千里的豪迈，也有百折千回的艰辛。

　　苏轼在黄州的长江边徘徊思考了将近五年，他已经参透了长江，也参透了人生。孔子说"逝者如斯夫，不舍昼夜"，苏轼的赤壁词是对孔子哲言的深刻理解与生动阐释。江水奔流不息，但长江千古如斯。个人的生命转瞬即逝，但一代又一代的风流人物前赴后继，便形成永无终止的人类文明史。波涛滚滚的长江消解了苏轼心中的苦闷，排除了人生空漠之感。正是在黄州的长江边上，苏轼实现了对现实人生苦难的精神超越，也实现了对诗意人生的终极追求。要准确理解苏轼的《念奴娇·赤壁怀古》，应该考虑到这些因素。

定风波

[宋]苏轼

　　三月七日，沙湖道中遇雨，雨具先去，同行皆狼狈，余独不觉。已而遂晴，故作此词。

　　莫听穿林打叶声，何妨吟啸且徐行。
　　竹杖芒鞋轻胜马，谁怕？一蓑烟雨任平生。

　　料峭春风吹酒醒，微冷，山头斜照却相迎。
　　回首向来萧瑟处，归去，也无风雨也无晴。

　　此词作于宋神宗元丰五年（1082），时苏轼在黄州，沙湖是黄州东南方的一个小村庄。

　　小序中将此词的写作背景交代得非常清楚：苏轼在友人的陪同下到沙湖去相田，途中遇到一场突然而来的风雨。由于没有随身携带雨具，同行的人都狼狈不堪，只有苏轼从容不迫地一边吟啸一边徐徐前行。风雨骤至，穿林打叶，同时也吹打在行人身上。虽然没有雨具遮挡风雨，但苏轼手持竹杖，脚蹬芒鞋，步履轻快，毫无畏惧。为什么苏轼如此安详自若呢？原因就在于他的独特人生态度："一蓑烟雨任平生。"苏轼此时四十七岁，自从二十五年前进士及第以来，他经历了丧母、丧妻、丧父的人生不幸，也经历了被诬外放、流宦各地的仕途风波。三年以前，他经受了入仕后最沉重的一次打击，以"谤讪新政"的罪名被逮入狱，在"柏台霜气夜凄凄"的御史台狱被囚禁了一百三十多天，精神和肉体都受尽折磨，最后被贬黄州。人到中年的苏轼已经阅尽人间沧桑，历尽人生坎坷，他把儒家固穷的坚毅精神、老庄轻视有限时空和物质条件的超越态度以及禅宗以平常心对待一切变故的观念有机地结合起来，练就一种宠辱不惊、履险如夷的人生态度。这种执着于人生而又超然物外的生命范式蕴含着坚定、沉着、乐观、旷达的精神，使得苏轼身处逆境时不忧不惧，在遇到变故时处变不惊。苏轼既已经历过少年登科的荣耀和银铛入狱的耻辱，又在黄州的躬耕生涯中备尝生活艰辛，不期而至的雨丝风片又能奈他何？况且世事多变，风云难测，风雨既然会突然而至，也就可能突然而去。果然，一番萧瑟之后，雨散云收，斜阳复出。待到苏轼踏上归途，回首眺望刚才风雨萧瑟的地方，那儿已是"也无风雨也无晴"。如果说风雨是人生坎坷的象征，晴朗是人生通达的象征，那么"也无风雨也无晴"就意味着平平淡淡的人生，也意味着平和、淡泊、安详、从容的君子人格。正是这种人格精神支撑着苏轼坚定而又潇洒地走过了六十六年的风雨人生，无论是在汴京的玉堂金殿还是海南的棘篱茅舍，他始终以不以物喜、不以己悲的态度对待生活。十八年之后的一个夜晚，历尽磨难、即将走到生命尽头的苏轼从海南渡海北归，站在船头傲然长吟："参横斗转欲三更，苦雨终风也解晴！云散月明谁点缀，天容海色本澄清。"（《六月二十日夜渡海》）仿佛与他在此词中所说的"也无风雨也无晴"遥相呼应。

人生在世，很难规避各种意想不到的困难和挫折，难免会在某个时段暂时陷于低谷或逆境。那么，当我们在人生道路上遇到意外的风风雨雨时，应该采取何种态度？阅读此词，定可得到启迪和鼓励。苏轼"一蓑烟雨任平生"的人生态度和"也无风雨也无晴"的人生境界，都是我们永远的学习榜样。

登快阁

[宋] 黄庭坚

痴儿了却公家事，快阁东西倚晚晴。
落木千山天远大，澄江一道月分明。
朱弦已为佳人绝，青眼聊因美酒横。
万里归船弄长笛，此心吾与白鸥盟。

此诗作于宋神宗元丰五年（1082），时黄庭坚在太和（今江西泰和）任县令。快阁位于赣江边上，江山广远，景物清幽，常令登临者心旷神怡，故名"快阁"。全诗紧扣一个"快"字，抒写在公务之暇登楼眺景的愉快心情。

首联反用"生子痴，了官事"的成语，乍看似乎俚俗，其实语带诙谐，既有自我调侃的意味，也表明自己勤于政事、不同流俗的品格。"倚晚晴"的语词搭配貌似平易，其实巧妙：到底是快阁静立在晚晴中，还是诗人倚靠着快阁观赏晚晴？似在两可之间，从而写出了人与外物之浑然一体。次联以阔大澄澈的景象衬托恢宏磊落的气度，字面上却朴实无华，平易畅达。群山上的树叶已经落尽，天空因而显得更加空阔辽远。在月光的辉映之下，江水清澈澄明得像是一道白练。真是一幅高华明净的秋江暮景图！三联的本意是世上已无知音，唯有美酒值得倾心，但成功地运用两个典故，前者以"佳人"代指知音，后者将青眼施于"美酒"，皆能化腐为新，字句则通顺晓畅，淋漓尽致地表达了仕宦生涯的寂寞无聊。末联表达思归之意，用"归船""白鸥"隐含"江湖"之念，形象生动，意蕴深永。

　　此诗深得后人好评。程千帆先生评曰："首联登阁，次联揽景，三联怀友，末联思归，一气盘旋，无多曲折，而气势豪纵。"（《读宋诗随笔》）缪钺先生则评曰："'倚晚晴'之'倚'字，'聊因美酒横'之'横'字，都是极平常的字，但是经过黄庭坚的运化，即能点铁成金，可见黄诗炼字之法。"（《宋诗鉴赏辞典》）的确，此诗体现了诗人鄙视世俗的兀傲心态，但并不借助于奇崛的结构或生新的词语，而是在流转畅达的章法和平易朴实的字句中渗入豪迈不凡的气势，从而不露声色地展示了兀傲的意态与洒落的胸襟，耐人寻味。

鹊桥仙

[宋] 秦观

纤云弄巧,飞星传恨,银汉迢迢暗度。
金风玉露一相逢,便胜却人间无数。

柔情似水,佳期如梦,忍顾鹊桥归路!
两情若是久长时,又岂在朝朝暮暮。

　　此词作年不详。七夕是中国古代的"情人节"。古人传说天上的牵牛星与织女星原是一对夫妇,名唤牛郎与织女,后来被天帝所迫,分居在银河两边,终年不得相会。只有每年的七夕,无数喜鹊在银河上搭成一座"鹊桥",牛郎、织女才能走过鹊桥来相会。此词运用这个美丽的传说,来歌颂人间的爱情。上片咏牛、女相会。长空寥廓,银汉茫茫,牛郎与织女历经多少艰辛才能渡过银河去相会一次!然而,两人真心相爱,忠贞不贰,虽然每年只能相会一次,过了七夕之夜便要各自回归原处,但这样的相会要胜过人间的多少相伴厮守。下片咏牛、女相别。一个夜晚当然非常短促,很快两人被迫分手。离别之际,他们依依惜别,怎忍回头观看鹊桥那条归路!然而,真正的爱情是永世长存的，是海枯石烂不会改变的，只要两情久长，又何必一定要朝暮相对。此词以立意奇警著称，上、下两片的结句皆称警句，诚如《草堂诗余》正集卷二所评，"化臭腐为神奇"。此外，此词的风格倾向也很值得注意。一首爱情词的风格如此清新，是对传统婉约词格调的极大提升。

行香子

[宋]秦观

树绕村庄，水满陂塘。倚东风，豪兴徜徉。
小园几许，收尽春光。有桃花红，李花白，菜花黄。

远远围墙，隐隐茅堂。飏青旗，流水桥旁。
偶然乘兴，步过东冈。正莺儿啼，燕儿舞，蝶儿忙。

秦观是苏轼的入室弟子，但其词风并未受到苏词多大的影响，仍是走婉约词的传统之路。就主题而言，秦观词在两个方面的成就最大，一是抒写男女相思引起的离愁别恨，二是倾诉贬谪生涯触发的忧伤哀怨。此词以田园风光为主要内容，在秦词中极为罕见，风格也与秦词不类。此词不见于宋本《淮海居士长短句》，它首先出现在明末《诗余图谱》所附之《少游诗余》。《诗余图谱》乃明人张綖所编，原书并无附录，后王象晋重刻此书，增添两个附录，一为《少游诗余》，另一为《南湖诗余》（南湖乃张綖之号）。《少游诗余》中的许多词作皆为张綖所作而窜入秦集，这首《行香子》多半也是如此。《全宋词》将此词列为秦观的"存目词"，而《全明词》则将其归于张綖名下，可见学术界基本上认定它是张綖所作。

此词的内容是春日的一次郊游，画面随着词人的足迹逐步展开。上片写词人乘着东风，游兴盎然地来到一个树绕水环的小庄园。庄园虽小，却收藏着无限春光：百花争艳，万紫千红。下片写词人看到酒家，更添游兴。一道围墙，墙后隐隐约约露出几间茅房，小桥旁边飘扬着一面酒旗，说明那儿是一处酒家。于是他乘兴越过一个小山冈，看到莺啼燕舞，生机勃勃。全词的笔墨都用来描绘春光，人物的行动只是串联景物的线索。上片写小园，但是否遇到庄园主人，则只字未提。下片只写远远地望见酒家，至于走进酒家，饮酒作乐等事，则完全留给读者去想象。然而随着移步换景的脉络，词人欢快的心情与浓丽的春光同步展开，堪称情景交融的典范。此外，《行香子》词调有一种特殊的形式，上、下片的结尾都是三个三字排偶句，前面则用一字引领，这种节奏短促的调式适合于表达轻快的心情，值得注意。

相见欢

[宋] 朱敦儒

金陵城上西楼,倚清秋。
万里夕阳垂地大江流。

中原乱,簪缨散,几时收?
试倩悲风吹泪过扬州。

此词作于宋高宗建炎元年(1127)秋,时朱敦儒在金陵(今江苏南京)。

靖康乱起,北宋灭亡,士人纷纷南奔。朱敦儒虽未入仕,亦离开家乡洛阳,南奔避乱。他取道淮阴、扬州,渡江来到金陵,乃作此词。南唐后主李煜《相见欢》云:"无言独上西楼,月如钩。寂寞梧桐深院锁清秋。"无独有偶,当朱敦儒登上金陵西楼时,他心中也有深沉的寂寞之感,故对后主词独有会心。然而李后主月夜登楼,面对着梧桐深院,感触的仅是离愁。朱敦儒在夕阳西下时登楼,面对着万里秋色和滚滚东流的大江,其感触更加深广。此时此刻,中原已经沦陷,徽、钦二帝已被金人掳去,在南京(今河南商丘)匆匆登基的高宗为避金兵逃至扬州，国家形势危如累卵。朱敦儒早年曾在洛阳度过"花间相过酒家眠"（《临江仙》）的潇洒岁月，如今逃难奔窜，心绪纷乱。下片直叙时局：中原纷乱，衣冠奔崩，何时才能恢复正常？于是词人潸然泪下，并希望萧瑟秋风将他的泪水吹向北方，洒向扬州。扬州是朱敦儒的祖籍，此时又是高宗的驻跸之地，也是南宋军民抵御金兵的前线。朱敦儒南奔途经扬州时，一定见过难民络绎、鸡犬不宁的景象。凡此种种，都使词人将万千思绪集中于扬州。清人陈廷焯评此词曰："希真词最清淡，惟此章笔力雄大，气韵苍凉，悲歌慷慨，情见乎词。"（《云韶集》）堪称确评。

如梦令

[宋] 李清照

常记溪亭日暮，沉醉不知归路。
兴尽晚回舟，误入藕花深处。
争渡，争渡，惊起一滩鸥鹭。

  李清照经历了靖康之变的国祸与中年丧夫的家难，她的生活和创作也由此明显地分成两个阶段：和平安宁的青壮年时代和漂泊流离的孤独余生。这首《如梦令》是她早期的作品，词虽短小，却让人充分感受到这位才女对和谐美丽的大自然的热爱。

  此词是在亲切的回忆中展开的，"常记"表示事情已经过去，此时是在追述，可见主人公与那段愉快的经历已经拉开了距离。经过时光的淘洗之后，词人撷取了印象最深的几个画面呈现在读者面前。一次宴饮之后，词人醉得都辨不清回家的路了。至于究竟是什么样的宴饮令她如此沉醉，作者没有交代，但我们可以猜得出，这次宴会令她非常愉快，乃至黄昏时分依旧在溪亭流连忘返。兴尽而归时，天色已经很晚，所以回舟仓促，以致"误入藕花深处"。她忙乱地划动船桨，哗哗的拨水声惊起了止宿沙洲的水鸟。此词用最简练的生活化语言，写出了对青春的美好回忆，流露出活泼可爱的天机之趣。

　　古代的女性被封闭在闺房之内，几乎完全与大自然隔绝，但李清照却常常走出闺房，去感受大自然的美丽与和谐。在李清照的词作中，对自然景物的书写占了很大比重，这在古代的女性文学史上尤其难能可贵。

渔家傲

[宋] 李清照

天接云涛连晓雾,星河欲转千帆舞。
仿佛梦魂归帝所。闻天语,殷勤问我归何处。

我报路长嗟日暮,学诗谩有惊人句。
九万里风鹏正举。风休住,蓬舟吹取三山去!

李清照是宋代婉约词大家,又是女性,但此词场景壮阔,气魄雄大,颇有豪迈的气概,即使置于豪放派的作品中也毫不逊色。词人在梦境中飞升上天,且与天帝对答,由此表现乘风高举、直趋蓬莱的志愿。这个主题已经不属于一般的游仙题材,而是展现了词人对远大理想的追求。上片所写的完全是梦中之境,尽管美丽雄壮,却带有虚幻的色彩。下片所写的则是自己的议论与虚拟的理想,幻中有真。词人虽然才华盖世,胜过须眉,却不可能有任何作为,故嗟叹"学诗谩有惊人句"。况且此时词人遭遇世变,丈夫赵明诚已经去世,北宋王朝已经灭亡,词人仓促南渡后仍无法安居,流离失所,生活艰难。"我报路长嗟日暮",句意沉痛,绝非无病呻吟。更重要的是,小朝廷偏安江南一隅，置沦陷的中原与水深火热中的百姓于不顾。词人对沉重的现实万分忧虑，又无计可施，只能在词中表达对美好、虚幻的神仙之境的热烈向往。她多么希望能像《庄子·逍遥游》中的鲲鹏一样，展翅直上九万里，翱翔于天地之间，摆脱尘世的污浊与烦恼。此时词人正泛舟于海，面对着万顷波涛，她想到神仙所居的"三山"就在东海深处，于是希望大风不要停歇，将小舟吹越浩瀚的沧溟，直奔"三山"而去。

　　诗言志，词亦言志。此词所言之志就是奔赴理想之境，当然，那只是一个美丽的梦想。但是建构美丽的梦想来鼓舞人们努力向上，这本身也是对丑恶现实和污浊社会的强烈抗争，是对美好生活和绚丽理想的追求。这正是文学，尤其是诗歌的重要任务，此词的重要意义或在于此。

声声慢

[宋] 李清照

寻寻觅觅，冷冷清清，凄凄惨惨戚戚。
乍暖还寒时候，最难将息。
三杯两盏淡酒，怎敌他、晚来风急！
雁过也，正伤心，却是旧时相识。

满地黄花堆积，憔悴损，如今有谁堪摘？
守着窗儿，独自怎生得黑！
梧桐更兼细雨，到黄昏、点点滴滴。
这次第，怎一个愁字了得！

  此词作于宋高宗绍兴十七年（1147）。时李清照避乱逃难至江南，暂居临安（今浙江杭州）。当时北宋已亡，丈夫赵明诚已病死，国破家亡的李清照境遇悲惨，心境凄凉。此词是李清照晚年的代表作。
  正如词牌所云，此词真是声声抽泣，声声哽咽。开头连用七对叠字，且多为齿声字，短促轻细，读来有一种凄清冷涩的语音效果，生动地刻画出词人若有所思，惘然若失，不断寻觅而一无所获的愁绪。

全词九十七字，齿音四十一字，舌音十六字，两种音调交错运用，形成一种幽咽悲凄的基调。全词中问句多达四处，而且全用口语，仿佛是一位孤苦无依的老妇人的自言自语。她喃喃不停地说，又絮絮叨叨地问，然而无人回答，只有窗外的风声、雁唳与之呼应。到了黄昏，更有细雨滴在梧桐叶上，发出点点滴滴的声响。于是词人发出最后一问："这次第，怎一个愁字了得！"意思是此情此景，如许深广的哀伤愤怨，单凭一个"愁"字怎能包含、概括？其实就算写上千万个"愁"字，又怎能了得？婉约词中抒写女性愁苦的佳作甚多，但写得如此生动、如此深刻的作品相当罕见。只有当女性身份、杰出才华与独特身世这三个条件结合在一位词人身上，才能达到这样的艺术境界。就此类主题的词作而言，李清照取得"压倒须眉"的成就是历史的必然。

临江仙·夜登小阁，忆洛中旧游

[宋]陈与义

忆昔午桥桥上饮，座中多是豪英。
长沟流月去无声。杏花疏影里，吹笛到天明。

二十余年如一梦，此身虽在堪惊。
闲登小阁看新晴。古今多少事，渔唱起三更。

此词作于宋高宗绍兴五年（1135），时陈与义寓居于桐乡（今属浙江）青墩镇的僧舍。"小阁"当在青墩镇。

在陈与义写此词的二十余年前，以靖康事变为关键，国家发生了沧桑巨变，他个人也经历了悲欢离合的巨大变化。陈与义生于世代簪缨之家，自幼生活在"西都"洛阳，青少年时代的生活豪纵潇洒。虽然他十七岁时至汴京入太学，但在二十四岁入仕之前尚能时时归洛，"午桥桥上饮"的旧游当即发生于其青少年时代。其后的二十余年间，陈与义先经历了一番宦海浮沉，然后随着北宋的覆亡而避乱南奔，转徙于湖湘、两广，深受流离失所之苦。及至四十二岁入朝任职后，又经历了一重宦海风波，直至此年六月引疾求去，退居青墩。在一个雨霁初晴之夜，诗人闲登小阁，思绪不知不觉地回到了青年时代。洛阳城南的午桥庄，自唐代以来就是著名的游赏胜地。诗人在午桥上聚友夜饮，满座宾客都是豪杰之士。桥下的流水静静地流淌，泛起滟滟的月光。杏花横斜，月影满地，众人在悠扬的笛声中举杯痛饮，直到天明。其实那只是一次普通的月夜聚饮，然而又是一段多么愉快的经历、一幅多么难忘的情景！时隔二十多年，诗人心中还如此清晰地记得那次聚会的满座嘉宾和彻夜狂欢，记得那夜的长沟流月和杏花疏影。至于其后经历的二十余年的漫长岁月，反而迷茫得像一个短暂的梦。词人把如此复杂的经历、如此深沉的感慨，都纳入"二十余年如一梦"一句之中，胜于多少芜词累句！南宋刘克庄评陈与义诗曰："以简洁扫繁缛，以雄浑代尖巧。"(《后村诗话》)若移用此语来评此词，也十分妥当。总之，此词感慨深沉，意绪苍凉，但是境界阔大，风格明快。词人并未沉溺于悲不自胜的心境，遣词造句也绝非纤细巧丽，正如清人陈廷焯所评，此词"笔意超旷，逼近大苏"(《白雨斋词话》)。

游山西村

[宋]陆游

莫笑农家腊酒浑,丰年留客足鸡豚。
山重水复疑无路,柳暗花明又一村。
箫鼓追随春社近,衣冠简朴古风存。
从今若许闲乘月,拄杖无时夜扣门。

此诗作于宋孝宗乾道三年(1167),时陆游在山阴(今浙江绍兴)。这是一首朴实自然的山村记游诗。全诗八句无一"游"字,但游兴十足,游意不尽,描绘了山村的景物和农家习俗,生活气息十分浓郁。

首联以悬拟的口气描写农民朋友款客的盛情,以农家丰收后的欢乐气氛为全诗做铺垫,很像孟浩然《过故人庄》中所写的"故人具鸡黍,邀我至田家"的意境。农家待客,备有去年酿制的米酒,酒味虽不及清酒醇美,但情谊却极其真诚。虽没有山珍海味,但正值丰年,农家倾其所有准备了一些好菜。诗人以朴实的语言赞叹农民的善良好客、真诚淳朴,经过一番渲染,山西村更让人心驰神往。次联写诗人漫游在山间小径上,山遮水绕,令人疑心无路可通;走近探寻,忽见村庄出现在花柳之间。诗人的感觉与误入桃花源的渔人一样,眼前顿觉豁然开朗。这一联诗写出了人们行走在生疏的山路上时常有的体验，非常传神。前代诗人也描摹过这种景象，如王维的"遥爱云木秀，初疑路不同。安知清流转，偶与前山通"（《蓝田山石门精舍》）；强彦文的"远山初见疑无路，曲径徐行渐有村"（周晖《清波杂志》）。这些描述都很细致，然而都不及陆游此联把它写得"题无剩义"（钱锺书《宋诗选注》），令人联想到在漫长曲折的人生道路上，有时也会"疑无路"，但只要继续前进，最终会到达更高的境界。这是宋诗的理趣所在，它通过对自然景物的观察和体验，道出了世间事物变化的哲理，从而成为脍炙人口的至理名言。第三联正面叙写在山西村的所见所感。箫声不绝，锣鼓喧天，村民们穿着简古朴素的服装，其乐融融，仿佛回到古代的村落。春社未至，气氛便已如此活跃，何况祭祀当天呢！诗人因此产生一个愿望：但愿此后不时到此游玩，到了夜晚也可轻叩农家柴扉借住一宿。

　　此诗把山西村比作"桃花源"，那里人们淳朴忠厚，和睦相处，过着自食其力的宁静生活。与其说这是南宋初年江南农村的风俗画卷，不如说是陆游心目中的理想社会蓝图。因为此诗写作之前不久，陆游极力支持张浚北伐，被投降派以"鼓唱是非"的罪名罢归故里。诗人对官场的伪诈与掌权者的目光短浅深感愤怒，但他回天乏术，暂时只能在诗歌中继续抒发他的爱国情怀。诗人在山西村感受到桃花源中的淳朴民风，他对整个社会并未丧失信心，他相信人生定会"柳暗花明又一村"，他期待着人间都像山西村那般美好。

临安春雨初霁

[宋] 陆游

世味年来薄似纱,谁令骑马客京华。
小楼一夜听春雨,深巷明朝卖杏花。
矮纸斜行闲作草,晴窗细乳戏分茶。
素衣莫起风尘叹,犹及清明可到家。

此诗作于宋孝宗淳熙十三年(1186)。时陆游受命权知严州(今浙江建德),先至临安觐见孝宗。

陆游曾于淳熙五年(1178)蒙孝宗召见,然仅任提举福建常平茶盐公事等职,两年后即被劾落职,回到山阴赋闲。五年后再次被起用,他已是年过六旬的老人。年近桑榆,当然不会再像少年那样意气风发。况且陆游眼见国家的偏安局面逐渐形成,自己杀敌报国的壮志虽然并未消尽,但实现夙愿的可能性已经非常渺茫。陆游仕途蹭蹬,多次受到莫名的诽谤乃至弹劾,对宦海风波渐生厌倦。当他被召入京,住在客栈中等候召见的时候,对京华红尘的嫌恶之感油然而生。此诗的首、尾二联就是这种心情的生动表现:京城本是世间最大的名利场,也是世态人情最为浇薄的地方,既然觉得世态味薄,又是谁让自己来到京城作客？这一问问得好，但诗人并未回答，只用问句表示自己的不情愿和不耐烦。尾联安慰自己很快就会回到那山水清幽的山阴老家去，故不必为京华风尘染黑素衣而叹息。这两联遥相呼应，充分表现了满纸不可人意的心绪，无疑是此诗的主题。然而此诗为人激赏的却是扣题不紧的中间两联。有人认为这两联曲折地体现了诗人的落寞苦恼，恐属误读。颈联或稍寓客中无聊之感，但草书与分茶本是诗人热爱的生活内容，"矮纸斜行"和"晴窗细乳"的描写也赏心悦目。至于颔联，则细腻真切地写出了临安春雨的清新可喜，堪称描写江南春雨的千古名句，丝毫不见郁闷或惆怅之迹，更无论苦恼、嫌恶。诗人之心灵是活泼灵动的，诗人之情绪是敏感多变的，即使一时心情欠佳，但并不排除他在某些特殊的场合中开怀一笑。此诗颔联虽与全诗主题不太协调，但并不妨碍它成为千古名句。一句或一联诗可以脱离全篇的语境而具有独立的价值，此联是一个典型的例证。

书愤

[宋] 陆游

早岁那知世事艰,中原北望气如山。
楼船夜雪瓜洲渡,铁马秋风大散关。
塞上长城空自许,镜中衰鬓已先斑。
出师一表真名世,千载谁堪伯仲间!

此诗作于宋孝宗淳熙十三年(1186)春,时陆游在山阴。

抗金复国是陆游终生不渝的人生理想。由于世事艰难,命途多舛,年过六旬的陆游已在家乡闲居多年。实现早岁壮志的可能性已经微乎其微,但希望的火焰仍在胸中燃烧,并时时化作诗歌创作的激情,此诗就是陆游回顾平生、抒发愤慨的一篇杰作。颔联向称警策。当时宋金对峙,在东西两个地点经常发生军事冲突,陆游皆亲临其境。一是东线的江淮之间,高宗绍兴末年,刘锜、虞允文等曾在瓜洲、采石一带击退金兵。孝宗登基后,张浚督师于建康、镇江之间,陆游于隆兴二年(1164)任镇江通判,曾谒见张浚,且与韩元吉等踏雪登焦山,目睹楼船横江的军容。二是西线的大散关一带,那是宋金必争之地,孝宗乾道八年(1172),王炎任四川宣抚使,设幕府于南郑,力图北伐收复长安。陆游应王炎之辟前往南郑，且曾亲临大散关的抗金前线。对于陆游而言，这两段经历虽然都很短暂，却是难以忘怀的人生遭际，是最接近实现平生壮志的时刻。难怪当他回首平生、作诗抒愤时，那两段经历就栩栩如生地突现眼前。此联的画面感极强，句中嵌入"夜雪""秋风"尤其精妙，正如清人方东树所评："妙在三四句兼写景象，声色动人，否则近于枯竭。"（《昭昧詹言》）颈联直抒怀抱，意旨与句法都以精警取胜。前句中"长城"二字本是古代名将的自许，此处前缀"塞上"二字，更强调其保家卫国的意义。后缀"空自许"三字，又强调其壮志难酬的悲怆。后句陡然跌入低沉之境，一扬一抑，与前句形成巨大的张力。尾联对诸葛亮的《出师表》极表推崇。无论是诸葛亮以率师北伐平定中原为终生大业的事迹，还是《出师表》中关于"汉贼不两立"的议论以及"鞠躬尽瘁，死而后已"的心声，都使陆游"于我心有戚戚焉"，可见此联乃借古人之酒杯，浇自身之块磊，末句实即表示愤慨之一声长叹也！

十一月四日风雨大作（其二）

[宋] 陆游

僵卧孤村不自哀，尚思为国戍轮台。
夜阑卧听风吹雨，铁马冰河入梦来。

此诗作于宋光宗绍熙三年（1192），时陆游在山阴。

陆游自幼遭遇国难，二十岁就立下了"上马击狂胡，下马草军书"（《观大散关图有感》）的志愿，决心以自己的文才武略为恢复中原的事业做出贡献。他入仕后曾亲临江防前线，还曾从军南郑，在抗金的最前线度过了一段艰苦而豪壮的戎马生涯。可惜陆游所处的时代正是朝中投降路线占主导的时期，他壮志难酬，报国无门，只好把满腔热血洒向诗歌创作，用豪宕雄伟的诗歌把爱国主义的主题高扬到前无古人的高度，他的七言歌行如《关山月》《金错刀行》《胡无人》等代表作，成为整个宋诗史上爱国主题的最强音。即使当小朝廷的苟安局面已经形成，其他诗人的抗金呼声渐趋消沉时，陆游的爱国情怀仍始终不渝，而且在一般性的诗歌写作中时有流露，此诗就是这方面的代表作。陆游家在镜湖之畔，诗中的"孤村"即指湖边小村。陆游此时年近七旬，贫病交加，照理应为自身感到悲哀，然而他非但"不自哀"，反而老骥伏枥，壮志犹存，希望奔赴西域为国戍边。正因如此，当夜间的疾风骤雨之声传到枕边，诗人竟在梦中骑着铁马跃过冰河，驰骋在保家卫国的战场上。这样的梦奇特吗？是很奇特，然而它并非不合情理的幻想。古人对梦之成因有两种解释：如心中日有所思，夜有所梦，即所谓"想"；如身体有某种感觉（听觉、触觉等），因以成梦，即所谓"因"（详见《世说新语·文学》载乐广语）。陆游终生希望抗金杀敌，向往从军出塞，久思成梦，此为"想"。他偶然在枕上听到疾风骤雨之声，在梦中幻化成漫天风雪中的铁马冰河，此为"因"。兼想与因，陆游便有此梦。于事理而言，自然真实。于诗意而言，圆满妥帖。所以，此诗表面上是描写一个偶然发生的梦，其实却披露了诗人终生不渝的抗金复国之理想。陆诗是宋诗中爱国主题的最强音，于此可见一斑！

思考题

北宋黄庭坚的《六月十七日昼寝》也写了一个奇特的梦："红尘席帽乌靴里，想见沧洲白鸟双。马龁枯萁喧午枕，梦成风雨浪翻江。"任渊注此诗云："以言江湖之念深，兼想与因，遂成此梦。"试对读二诗，并分析其异同。

卜算子·咏梅

[宋] 陆游

驿外断桥边，寂寞开无主。
已是黄昏独自愁，更着风和雨。

无意苦争春，一任群芳妒。
零落成泥碾作尘，只有香如故。

陆游早年因"语触秦桧"而导致科场失意。入蜀时"人讥其颓放"，被免除了四川制置使司参议官之职，便自号"放翁"。中年以后又因力主抗金而屡遭打击，自隆兴通判任罢归山阴故里；到临终前一年，还因支持北伐，被劾落宝谟阁待制。他虽然屡遭打击，身处逆境，但并不畏惧，依然保持着坚定的爱国立场和高尚的政治情操。本词就是陆游晚年所作的一首咏梅寄怀之词。

此词描绘梅花的孤寂处境和不幸遭遇，赞美其孤高、坚贞的精神品格，蕴含着深刻的人格寓意。梅花沦落在驿站之外、断桥之旁，孤独地忍受着黄昏风雨的摧残，顽强地保持着斗霜傲雪的气节。它不怕"群芳"的妒毁，也不屑于与"群芳"争芳斗艳，即使自身的花瓣凋落飘零，被碾压成泥土，也依旧留下芳郁弥久的清香。梅花的境遇和品性，正是词人精神人格的生动象征。陆游借写梅花隐寓自己的艰危处境和坚贞的政治节操，虽然一再遭到冷落与诬陷，也不愿轻易改变自己的节操，从而披露了这位爱国诗人身处逆境仍然光明磊落的心迹。"零落成泥碾作尘，只有香如故"二句讴歌梅花委身泥土、不改其香的坚贞品格，寄寓词人宁为尘土也绝不同流合污的道德追求，明人卓人月说此句可以"想见劲节"（《词统》），洵非虚言。

插秧歌

[宋] 杨万里

田夫抛秧田妇接，小儿拔秧大儿插。
笠是兜鍪蓑是甲，雨从头上湿到胛。
唤渠朝餐歇半霎，低头折腰只不答。
秧根未牢莳未匝，照管鹅儿与雏鸭。

　　此诗作于宋孝宗淳熙六年（1179）四月，时杨万里正在从三衢（今浙江衢州）往江山（今属浙江）的途中。诗人关心农民，故对他们的插秧过程观察得十分仔细，描写得也极其生动。水稻是江南最重要的农作物，插秧则是水稻种植最重要的环节之一。由于插秧的时节性极强，而四月正是江南多雨的季节，故农民往往冒雨插秧。此诗所写的就是倾盆大雨中农民全家下地抢插稻秧的紧张情景。首二句写全家人的分工：田夫是家里的主劳力，他负责干最重的活儿，先把一担担秧苗挑到田头，再把秧苗一把一把地抛给正在大田中的田妇。小儿年幼力弱，便在秧田里拔秧。大儿年龄稍长，便跟着父母一起下地插秧。三、四句描写农人冒雨插秧之辛苦，他们头戴斗笠，身披蓑衣，状似披甲上阵的兵士。然而蓑笠并不能遮挡大雨，雨水漏进缝隙，浑身上下全都湿透了。留在家里做饭的老人赶到地头送饷，招呼插秧者走上田埂来吃早餐，顺便休息片刻，但他们低头弯腰只管插秧，竟然顾不上搭理老人。最后二句颇像口语，或是送饷老人对儿孙的嘱咐，或是田夫田妇对两个小儿的叮咛。当然也可能是他们的喃喃自语。意思倒是十分清楚：秧苗尚未全部插完，刚插下的秧苗尚未长牢根须，这时要格外照管好家中饲养的鹅鸭，防止它们闯进稻田弄坏秧苗。笔者年轻时曾在江南农村种过七年水稻，当时的插秧工序也是先在秧田里拔秧且用稻草扎成小把，然后把秧挑到地头，错落有致地散抛到田间，然后弯腰插秧。为了不误农时，总是男女老少全体出动，分工合作。阅读杨万里此诗，恍如重返当时的情景。这真是一首情真意切的农事诗！

过松源晨炊漆公店（其五）

[宋]杨万里

莫言下岭便无难，赚得行人错喜欢。
政入万山围子里，一山放出一山拦。

此诗作于宋光宗绍熙三年（1192）春，时杨万里从建康（今江苏南京）往信州（今江西上饶）执行公务，返途经过弋阳（今属江西），松源、漆公店皆是弋阳境内的小地名。

此诗描写在群山之间旅行的独特体验：行人好不容易翻过一座高峻的山岭来到山脚，以为前路不再艰险难行，不由得满心欢喜。诗人却告诫道：且莫高兴得太早，这是哄你们的！读过前二句，人们都会产生悬念，究竟为什么呢？于是诗人亮出谜底：你们走进了万山围绕的封闭圈子，一座山岭放你们过去，又有另一座山岭拦在前头！

杨万里诗风独特，自成一体。"诚斋体"形成于杨万里从五十一岁到五十六岁的那五年间，其主要特征有三点：诗体以七言绝句为主；内容以写景为主，即注重从自然景物中汲取灵感；语言风格趋于平易浅近、活泼灵动。本诗作于杨万里六十六岁时，正在"诚斋体"形成后的创作旺盛时期。所以，此诗体现出了诚斋体的典型风格特征：口语化的浅近文字，拟人化的景物描写，以及幽默风趣的表述方式。人们阅读此诗，多半会会心一笑。但笑过以后，多半会陷入沉思，因为它寄寓着深刻的人生哲理。

> 思考题

你在人生道路（包括学习过程）中有过类似的感觉吗？阅读此诗，是否对你有所启迪？

念奴娇·过洞庭

[宋] 张孝祥

洞庭青草，近中秋，更无一点风色。
玉鉴琼田三万顷，着我扁舟一叶。
素月分辉，明河共影，表里俱澄澈。
悠然心会，妙处难与君说。

应念岭海经年，孤光自照，肝肺皆冰雪。
短发萧骚襟袖冷，稳泛沧浪空阔。
尽挹西江，细斟北斗，万象为宾客。
扣舷独啸，不知今夕何夕！

此词作于宋孝宗乾道二年（1166），时张孝祥自静江府（今广西桂林）落职北归，途经洞庭，临近中秋，乃赋此词。

在洞庭湖与青草湖相连的地方，在中秋临近的时节，浩渺的湖水与无际的月光交相辉映，形成奇特的清澈、澄明之境。词人在此时此地泛舟月下，觉得整个天地都是一片晶莹透澈，而自身的高洁品行也与之相符，连体内的肝胆都像冰雪一样清冷明净。唐人王昌龄受人诬陷，作诗自表心迹说："寒雨连江夜入吴，平明送客楚山孤。洛阳亲友如相问，一片冰心在玉壶。"（《芙蓉楼送辛渐》）张孝祥显然继承了这种手法，但无论是所写景色之幽静秀美，还是所用比喻之生动贴切，都是青出于蓝而胜于蓝。词人幕天席地，独泛沧溟，气概是何等雄豪！"挹西江""斟北斗"，遍邀天上的星辰为宾客，想象是何等奇特！词人本是爱国志士，善于高唱振奋人心的时代强音。但当他在现实中无法实现理想时，也善于在山水美景中寻找寄托。此词意境阔大，笔势雄奇，豪放与潇洒兼而有之，很好地继承了苏轼词风的传统。近人王闿运评此词"飘飘有凌云之气，觉东坡《水调》，犹有尘心"（《湘绮楼词选》），语或稍过，但指出此词与苏词的传承关系则是十分准确的。

丑奴儿·书博山道中壁

[宋] 辛弃疾

少年不识愁滋味，爱上层楼。
爱上层楼，为赋新词强说愁。

而今识尽愁滋味，欲说还休。
欲说还休，却道"天凉好个秋"！

此词作于宋孝宗淳熙九年（1182）至宋光宗绍熙二年（1191）的十年间，时辛弃疾落职闲居在信州（今江西上饶）的带湖。博山，山名，位于信州永丰县（今江西广丰）境内。

辛弃疾在二十二岁之前，一直随其祖父辛赞生活在金国统治下的济南（今属山东）、谯县（今安徽亳州）等地。辛赞虽然仕金为地方守令，但心怀故国，故很注意对辛弃疾进行爱国思想的教育，同时也让他努力读书。青少年时代的辛弃疾基本上过着平静的读书生活，这就是上片中对"少年不识愁滋味"的回忆。宋高宗绍兴三十一年（1161），抗金烽火在山东一带燃起，辛弃疾也揭竿而起，投奔义军，并在次年铁骑渡江，南归宋朝。尽管辛弃疾在各种职位上都表现出过人的才干，但他毕竟是一个"归正人"，越是有才就越是遭忌，屡遭排挤。况且辛弃疾性格刚强，作风泼辣，与朝廷上下懦弱苟且的固有习气格格不入，最后被迫退居乡村。他的一腔热血无处可洒，满腹经纶更无处可施，心里的苦闷无处倾诉，这便是下片中的"而今识尽愁滋味"。下片似乎是对上片的否定，其实却是深化。"识尽愁滋味"，意味着阅世已深，对人世的忧愁有了最真切的感受。然而愁到极处，反而无言。不是不想说，而是深广的忧愁根本无法言说。秋季本是令人伤感的季节，从宋玉以来"悲秋"便成为传统的主题。辛弃疾作此词时人到中年，正是最易悲秋的年龄，可是满腹忧愁无法倾诉，只好说一声"天凉好个秋"。

破阵子·为陈同甫赋壮词以寄之

[宋] 辛弃疾

醉里挑灯看剑,梦回吹角连营。
八百里分麾下炙,五十弦翻塞外声,沙场秋点兵。

马作的卢飞快,弓如霹雳弦惊。
了却君王天下事,赢得生前身后名。可怜白发生!

此词约作于宋孝宗淳熙十六年(1189),时辛弃疾在信州。"陈同甫"即陈亮,是与辛弃疾志同道合的好友。

陈亮来访时,辛弃疾已在带湖闲居多年。虽然辛弃疾热爱带湖的自然风光与农村生活,写了大量优美的田园词,但他毕竟是时刻惦记着恢复大业的爱国志士,春雨江南的宁静生活怎能彻底取代心中的铁马秋风?果然,一旦志同道合的陈亮来访,随即点燃了他胸中的熊熊烈火。恰如他在此词小序中所说,这是一首"壮词"!此词用主要篇幅回忆青年时代驰骋沙场的战斗生涯,抒发建功立业的人生壮志,直到尾句才转入报国无路的慨叹。在这样的壮词中,不但婉约词的脂粉香泽一洗而空,而且连五七言诗中常见的伤春悲秋、叹老嗟卑等低沉情绪也一扫而空。这是沙场战士的高昂呼声，这是末路英雄的浩然长叹，这是洋溢着壮烈情怀和英风豪气的军旅文学，这样的作品最能代表南宋军民的爱国热诚与不屈斗志。在整个古典诗歌史上，诗人的身份主要是士大夫，诗歌中的抒情主人公也多半是多愁善感的文弱书生。在宋代的词坛上，这种情况更加严重。试看晏几道、秦观诸人的词作，几乎不见丝毫的雄豪之气，真可谓"词为艳科"。在这样的历史背景下，辛弃疾以雄鸷之姿横空出世。他挟带着战场的烽烟和北国的风霜闯入词坛，纵横驰骋，慷慨悲歌。词坛上从此有了一位叱咤风云的英雄，他孔武有力、长于骑射；他胸怀大志、满腹韬略。他的性格中没有丝毫的柔弱，他胸中的壮志豪情倾泻而出。辛词以全新的风貌在词坛上异军突起，终于使铁板铜琶的雄豪歌声响彻词史。此词虽然只是一首小令，却生动地展现了一位驰骋沙场的爱国志士的勃勃英姿，堪称英雄词人辛弃疾的自画像。

太常引·建康中秋夜为吕叔潜赋

[宋] 辛弃疾

一轮秋影转金波，飞镜又重磨。
把酒问姮娥：被白发，欺人奈何？

乘风好去，长空万里，直下看山河。
斫去桂婆娑，人道是，清光更多。

此词大约作于宋孝宗淳熙元年（1174），时辛弃疾在建康（今江苏南京）任江东安抚使参议官。

中秋之夜的一轮明月，皎洁无瑕，圆满无缺。古往今来，无数诗人在中秋之夜举首望月，写下无数的咏月名篇。在佳作如林的前提下，辛弃疾此词如何突破前人、写出新意？他的方法是突出词人自身，全词几乎句句有人，即使正面咏月，所咏的也是词人眼中的那轮明月。上片写词人举首望月的所见所感：一轮明月升上秋空，就像一面重新磨亮的明镜。次句中为何有一"又"字？当是结合了词人的独特感受。虽然一年之中月亮会圆缺十二次，但只有中秋夜的月亮距离地球最近，故在人们眼中也就显得最大最亮。词人今夜观月，便想起去年中秋的明月也是如此。年复一年，明月依旧，岁月却无情地消逝了。于是词人遥问月中的嫦娥：我白发丛生，催人老去，如何对待？言下之意是嫦娥你曾窃得长生不老之药，可否与我分享？这是一位爱国志士报国无门，眼看岁月流逝而产生的焦虑之感，借中秋望月之机倾泻而出。下片写望月而生的想象：词人乘着长风飞升入月，从天上遥瞰大地山河。虽然明月的清辉洒满碧空，也洒满大地，但词人仍嫌不够，于是举斧伐桂，不让桂树的枝叶遮住月光。果然，地上的人们说是清光更多！结尾二句化用杜甫"斫却月中桂，清光应更多"（《一百五日夜对月》）句意，但让两句分别属于自己与他人，从而渗入更强烈的个人意绪，意境也更加奇妙灵动。下片中的"山河"是否包括沦陷的中原故土？"桂婆娑"是否暗指朝中那些反对抗金的黑暗势力？词人没说，但读者不妨自行展开联想。

南乡子·登京口北固亭有怀

[宋]辛弃疾

何处望神州？满眼风光北固楼。
千古兴亡多少事？悠悠。不尽长江滚滚流。

年少万兜鍪，坐断东南战未休。
天下英雄谁敌手？曹刘。生子当如孙仲谋。

　　此词约作于宋宁宗开禧元年（1205），时辛弃疾在镇江（今属江苏）任知府。北固山位于镇江，面临长江。

　　此时辛弃疾已经六十六岁，距离他铁骑渡江已有四十三年，他的恢复之志始终未能实现，却在宦海风波和乡村闲居中耗尽了岁月。如今人已老矣，朝廷里正在紧锣密鼓地筹划北伐，可惜执政的韩侂胄轻举妄动，并无胜算。一天，辛弃疾登上面临长江的北固亭，慷慨怀古，乃赋此词。上片写登高眺远。思绪先随着空间而展开：词人凭栏北眺，风光满眼，真乃锦绣河山。远处是那沦陷已久的神州大地，那里既有词人世代居住的固有家园，也是大宋王朝的固有国土。词人又俯而下瞰，亭下就是滚滚东流的万里长江，它奔泻入海，千年不息。如此江山险固之地，曾上演过多少兴亡故事，于是词人的思绪从广阔的空间转入悠远的时间。下片写凭栏怀古。词中缅怀的主要对象是吴大帝孙权，孙权以江东一隅与魏、蜀鼎足三立，堪称功业彪炳。孙权曾经赢得敌人的赞赏，曹操叹曰："生子当如孙仲谋！刘景升儿子若豚犬耳。"词人一字未改地引用曹操的前一句话，表明他希望南宋能产生像孙权一样的杰出人物，来担起保卫国家、收复失地的重任。这是一位垂垂老矣的英雄对后来人的殷切期望。当然，词人多半也想到曹操的后一句话，目前朝廷里君昏臣庸，尽是一班"若豚犬耳"的平庸之辈，他们畏敌如虎，贪生怕死，哪能有所作为！词人对这种死气沉沉的局势深感失望，他无法直接说出这层意思，便以歇后语的方式隐藏在字里行间，来对小朝廷的昏君庸臣进行辛辣的讽刺。此词是爱国词人的登临怀古之作，故无论是写景还是怀古，都寄寓着对国家前途的深切关怀，感人至深。

思考题

清代词论家谭献说："作者之用心未必然，而读者之用心何必不然。"(《复堂词话》)结合对此词尾句的理解，谈谈你的看法。

永遇乐·京口北固亭怀古

[宋] 辛弃疾

千古江山,英雄无觅,孙仲谋处。
舞榭歌台,风流总被,雨打风吹去。
斜阳草树,寻常巷陌,人道寄奴曾住。
想当年,金戈铁马,气吞万里如虎。

元嘉草草,封狼居胥,赢得仓皇北顾。
四十三年,望中犹记,烽火扬州路。
可堪回首,佛狸祠下,一片神鸦社鼓。
凭谁问:廉颇老矣,尚能饭否?

此词作于宋宁宗开禧元年(1205),时辛弃疾知镇江府。词人年过六旬,距离他铁骑渡江已有四十三年,恢复之志始终未能实现,却在宦海风波和乡村闲居中耗尽了岁月。如今终于有机会来到江防前线,可惜人已老矣!胸怀雄才大略且知己知彼的辛弃疾虽然主张抗金,却不赞成朝廷在根本没有做好准备时仓促北伐。春社之日,辛弃疾登上江边的北固亭,凭栏北眺,慷慨怀古。时局如此,人生境遇又如此,难免感慨良多。辛弃疾缅怀的历史人物是吴大帝孙权和刘宋的开国君主刘裕，孙权雄踞江东，与魏、蜀鼎足三立，刘裕则亲率大军北伐，一度收复洛阳和长安，他们都曾在镇江一带建立丰功伟业。他也联想到草草北伐导致大败的刘义隆，认为应该吸取其教训。如此怀古，词中洋溢着英雄之气，冲淡了沧桑之感。词中也包含着对历史的深刻认识，远胜于空泛的感慨。词人自比人老心不老的名将廉颇，慨叹自己没有机会实现恢复之志。廉颇晚年，当着赵国使者的面，"一饭斗米，肉十斤，披甲上马，以示尚可用"（《史记·廉颇蔺相如列传》）。廉颇如此，辛弃疾又何尝不是如此！他的豪侠精神至死不衰，他生生死死都是一位勇武的军人，此词既是自叹生平，也是对消沉已久的军魂的深情呼唤。

扬州慢

[宋] 姜夔

淳熙丙申至日,予过维扬。夜雪初霁,荠麦弥望。入其城则四顾萧条,寒水自碧。暮色渐起,戍角悲吟。予怀怆然,感慨今昔,因自度此曲。千岩老人以为有黍离之悲也。

淮左名都,竹西佳处,解鞍少驻初程。
过春风十里,尽荠麦青青。
自胡马窥江去后,废池乔木,犹厌言兵。
渐黄昏,清角吹寒,都在空城。

杜郎俊赏,算而今,重到须惊。
纵豆蔻词工,青楼梦好,难赋深情。
二十四桥仍在,波心荡,冷月无声。
念桥边红药,年年知为谁生?

此词作于宋孝宗淳熙三年(1176),时姜夔在扬州(今属江苏)。宋金对峙,地处淮南江北的扬州是首当其冲的战场,迭遭兵燹。

辛弃疾曾在《永遇乐》词中说："四十三年，望中犹记，烽火扬州路。"姜词则情绪低沉，没有辛词那种直书时事的雄豪，但也在哀伤愤怨中表达了浓烈的爱国之情。他将扬州昔日的繁华与如今的荒凉进行鲜明的对比，从而控诉了侵略者发动战争、毁灭文明的罪行，寄托了深沉的故国之思。词中用景物进行点染，非常成功。比如"荠麦青青""废池乔木""冷月无声"等句刻画"芜城"扬州的荒凉，如在眼前。"桥边红药"本为美丽春景，但后缀"年年知为谁生"的慨叹，有力地反衬出人事的凄凉。姜夔与辛弃疾有交游，曾作词唱和。其《永遇乐·次稼轩北固楼词韵》中有句云："中原生聚，神京耆老，南望长淮金鼓。"显然受到辛词爱国精神的影响。在爱国倾向这一点上，姜夔与辛弃疾是一致的。与辛弃疾不同的是，姜夔只是弱不禁风的一介文士，他在生活中不能像辛弃疾那样跃马横枪驰骋疆场，其词即使涉及国事与时局，也缺乏辛词的热情和豪气。然而此词虽然情调低沉，却同样体现出时代的气息，这是风雨飘摇的时局对南宋词坛的另一种影响。

约客

[宋] 赵师秀

黄梅时节家家雨,青草池塘处处蛙。
有约不来过夜半,闲敲棋子落灯花。

  江南的梅雨之夜,雨声不绝,空气闷湿,令人不适。长满青草的池塘里群蛙乱鸣,既嘈杂又单调,使人心生厌烦。本来约请好友来访,或小酌谈诗,或纹枰对弈,以消磨这长夜的孤寂。可是早就过了约定的时刻,直到夜半已过,仍未听到客人叩门之声,洋溢耳边的仍是那雨声和蛙鸣。诗人百无聊赖,只好独自拿起棋子敲打棋枰,以致震落了灯芯上的灯花。此景暗淡,此情寂寥,还能产生诗兴吗?能!此诗就是明证。宋人评此诗曰:"意虽腐而语新。"(《柳溪诗话》)的确,此诗所写情景皆为人所熟知者,但写法出奇制胜。雨夜室外一片漆黑,室内灯光昏暗,无景可写。既然无法绘色,诗人便着力绘声。首句写雨声,次句写蛙声,末句写棋声,第三句似乎未及声响,其实暗含着诗人急切盼望而始终未曾出现的叩门之声,故全诗堪称绘声之作。种种声响或实或虚,交融混杂,有力地渲染出诗人的期待、失望之情,从而构成情怀郁郁的动人意境。称此诗为"语新",其故或在斯乎?

过零丁洋

[宋]文天祥

辛苦遭逢起一经，干戈寥落四周星。
山河破碎风飘絮，身世浮沉雨打萍。
惶恐滩头说惶恐，零丁洋里叹零丁。
人生自古谁无死？留取丹心照汗青。

宋帝昺祥兴元年（1278）十二月，文天祥率领的抗元义军在五坡岭战败，文天祥被元军俘虏。次年，即祥兴二年（1279）正月十二日，文天祥被迫随着元军的战船经过零丁洋。当时张世杰正带领南宋的最后一支军队在崖山坚持抵抗，元将张弘范逼文天祥写信招降张世杰。文天祥坚决拒绝，并作此诗以明志。二十多天后，崖山失守，陆秀夫背负帝昺投海殉国。三年以后，文天祥在大都（今北京）英勇就义，以生命实现了自己的誓言。

此诗的前面六句都是回忆自己的不幸遭遇：文天祥因精通经典而科举及第进入仕途，适逢南宋濒于危亡的关头，他二十年来努力支撑残局，千辛万苦。自从德祐元年（1275）起兵抗元以来，他已在兵荒马乱中度过整整四年。河山破碎，身世飘荡，尤其是兵败后逃经惶恐滩和被俘后经过零丁洋的时候,那种恐惧、孤独的心情更是不堪回首。然而正是在这种非人世所能堪的艰危情境中,文天祥写下了"人生自古谁无死?留取丹心照汗青"的千古绝唱!

古语说:"死生亦大矣!"(《庄子·德充符》)的确,求生是动物的本能,人类也不例外。然而,虽然儒家非常重视生命的价值,但是孔、孟却提倡"杀身成仁"和"舍生取义",认为那是人生最高的道德准则。孟子明确指出,比诸求生,人类在道德上有更高的追求,那就是"义"。他说:"生,亦我所欲也,义,亦我所欲也;二者不可得兼,舍生而取义者也。"(《孟子·告子上》)对于中华民族的先民而言,民族大义当然是至高无上的"义",所以在需要为民族大义而舍弃生命的时候,志士仁人无不视死如归。文天祥是在儒家思想熏陶下成长起来的民族英雄,他在就义之前写下的"衣带铭"中说:"孔曰成仁,孟曰取义。惟其义尽,所以仁至。读圣贤书,所学何事?而今而后,庶几无愧。"说明正是儒家的道德准则和价值标准使他在生死关头毫不犹豫地选择了杀身成仁之路。"人生自古谁无死?留取丹心照汗青"这两句诗对儒家的道德准则做了最生动、最深刻的阐释,它们成为后代志士仁人的人生指南,绝非偶然。

南安军

[宋] 文天祥

梅花南北路,风雨湿征衣。
出岭同谁出?归乡如此归!
山河千古在,城郭一时非。
饿死真吾志,梦中行采薇。

此诗作于宋帝昺祥兴二年,也即元世祖至元十六年(1279)。此年二月,崖山沦陷,南宋灭亡。元军押解着早已被俘的文天祥北归,五月行至南安军(今江西大余)。南安军位于大庾岭之北,是从岭南通往岭北的交通要道。从此北上三百里,便是文天祥的故乡吉州(今江西吉安)。文天祥在风雨中翻越大庾岭,感慨万千:如此险阻的山岭,是谁与我一起度岭?竟然非亲非友,而是凶狠残暴的敌国士兵!此行渐近家乡,然而我这个大宋朝的状元宰相竟以俘虏的身份归乡!故国已亡,然而"国破山河在",故国的江山永世长存。有所变化的只是城郭,城头已经插上敌国的旗帜,但这只是暂时的现象。言下之意,故国总有复兴的一天。至于自己,既已被俘,决心殉国,连梦中都像古代的义士那样采薇充饥而不食周粟。几天后行至吉州,文天祥绝食八日，一心求死。三年以后，文天祥在大都慷慨就义，实现了以死报国的庄严誓言。

　　文天祥在宋亡前后所作的诗歌作品，具有特别重要的思想价值。《过零丁洋》《正气歌》，以及这首《南安军》，都是诗人平生积储在胸中的浩然正气自然酿成的作品。阅读这些作品，可以明白什么是民族气节和民族尊严，让我们坚信中华传统文化具备充沛的能量来提升人们的精神境界，直至杀身成仁。这些诗作虽然是文天祥个人所写，但洋溢在诗中的浩然正气却属于整个中华民族。文天祥被元军押解北上时，太学生王炎午作《生祭文丞相文》，劝其殉国。文天祥在大都入狱之后，故宋的宫廷琴师汪元量前往探监，作诗相赠，以"君当立高节，杀身以为忠"（《妾薄命呈文山道人》）之句勉励文天祥尽忠。可见当时不但文天祥、陆秀夫这两位前朝宰相以死殉国，一些未沾前朝命禄的人士也以鼓励烈士捐躯的举动来养护民族气节。今人经常讨论"崖山之后是否还有中华"的问题，其实既然文天祥、陆秀夫他们用生命维护了中华民族的尊严与气节，既然王炎午、汪元量他们支持文天祥的义举，在崖山沦亡的就仅是赵宋王朝而绝非中华民族。文天祥的《南安军》等作品所蕴含的民族气节和爱国精神充溢天地，万古长存。

天净沙·秋思

[元] 马致远

枯藤老树昏鸦，小桥流水人家，古道西风瘦马。
夕阳西下，断肠人在天涯。

《天净沙》属于越调的小令，全文仅二十八字，与一首七言绝句相当，但比七绝多出一句，且句子长短参差不齐，押韵则平仄通押（"马"是上声字），极具抑扬历落之声调美。此曲充分发挥了该调的文体特征。

题目是"秋思"，顾名思义，就是秋季的思绪。在一年之中，秋季草木摇落，万物由盛转衰，最易令人伤感。在一天之中，黄昏暮色沉沉，万物由动转静，最易令人忧愁。此曲选择秋日的黄昏为时间背景，两层愁绪叠加在一起，让人情何以堪！况且此"人"并非安居在家，也非即将走进家门，而是孤独地行走在天涯海角。眼看着一轮夕阳缓缓西沉，单人匹马在秋风古道上拖出长长的影子，这怎不让他伤心欲绝？全曲中的意象非常密集，第一、三、四句中接连推出七种景物，构成一幅萧瑟凄凉的古道秋景图。第二句中的三个景象并不萧瑟，它们构成的意境甚至颇有温馨的意味，然而这是反衬。此处的"人家"

与旅人素不相识，旅人既不能在此见到倚门迎候的家人，更不能希冀餐桌上热气腾腾的晚餐。相反，"小桥流水人家"的安居景象反而加深了天涯孤客的羁旅之感。由于此曲应有尽有地描写了属于"秋思"主题的各种景象，又写得如此鲜明生动，就成为后人很难超越的经典之作。正因如此，元人周德清称道此曲为"秋思之祖"（《中原音韵》）。

山坡羊·潼关怀古

[元] 张养浩

峰峦如聚,波涛如怒,山河表里潼关路。
望西都,意踌躇。
伤心秦汉经行处,宫阙万间都做了土。
兴,百姓苦;亡,百姓苦。

山坡羊·骊山怀古

[元] 张养浩

骊山四顾,阿房一炬,当时奢侈今何处?
只见草萧疏,水萦纡。
至今遗恨迷烟树。列国周齐秦汉楚。
赢,都变做了土;输,都变做了土。

这两首小令曲调相同，主题也相近，属于同一组作品，可以放在一起阅读。

元文宗天历二年（1329），关中大旱，退隐济南多年的张养浩临危受命，出任陕西行台中丞前往赈灾，进入关中后作《山坡羊》九首以怀古，这是其中的第三、第九首。

关中土地肥沃，且四面都有关山屏障，早在战国时就号称"四塞之国"，秦、汉及后来的隋、唐等王朝皆建都于此。正因如此，此地上演过许多兴亡故事，朝代更迭，变幻无常。新朝建立时大兴土木，建起千门万户的巍峨宫阙。一旦亡国，那些宫阙往往被战火焚毁，留下一片废墟。

张养浩到关中赈灾，四处奔走，目睹秦宫汉阙的荒凉遗址，感慨万千。前调中的"宫阙万间都做了土"还只是概述，后调中既举出"阿房一炬"的具体事例，又进而说明并非亡国的输家才是如此，即使是新朝的赢家重建的宫阙也迟早会变成一堆废墟，历史就这样不断地循环。张养浩的兴亡之感并非针对某朝某代，而是涵盖了许多朝代，从而流露出格外苍茫深邃的历史意识。张养浩最高明的地方还在于，他不是一般性地慨叹改朝换代导致宫阙成土，还进一步控诉这对普通百姓造成的巨大灾难。秦砖汉瓦，千门万户，哪一座不是民脂民膏堆积而成？朝代更迭，连年征战，哪一次不造成生民涂炭的惨祸？于是他发出沉重的慨叹："兴，百姓苦；亡，百姓苦。"古代的史书在叙述朝代兴亡时，一般只注意帝王将相的活动，很少将目光对准百姓。后代的文人在抒发沧桑之感时，思考的重点是从兴亡事迹中汲取政治方面的经验或教训，也很少关注百姓的命运。张养浩把怀古意识与悲悯情怀从帝王将相转到普通百姓身上，体现出以民为本的新颖史学观念，堪称振聋发聩。据《元史》记载，张养浩在关中赈灾，心忧百姓，昼夜不休，接连四个月未曾回家食宿，终于心力交瘁，病卒于任所。只有如此关爱人民的人物，才能写出"兴，百姓苦；亡，百姓苦"的旷古警句。这不但在散曲史上空前绝后，而且在整个古典诗歌史上也难能可贵。

朝天子·咏喇叭

[明] 王磐

喇叭，唢呐，曲儿小腔儿大。
官船来往乱如麻，全仗你抬声价。
军听了军愁，民听了民怕。哪里去辨甚么真共假？
眼见的吹翻了这家，吹伤了那家，只吹的水尽鹅飞罢！

王磐厌弃科举，终生不入仕途，是一位坚持生活在民间的艺术家。此曲就是从民间的立场讽刺官场黑暗的名篇。

据蒋一葵《尧山堂外纪》记载："正德间，阉寺当权，往来河下者无虚日。每到辄吹号头，齐丁夫，民不堪命。"从明英宗开始，皇帝不问政事，大权旁落到宦官手里。他们既在政治上操纵朝政，也在经济上大肆搜刮，成为明代政治的一颗毒瘤。到了明武宗正德（1506—1521）年间，大宦官刘瑾等人变本加厉，不但在京城内外广置田产，而且常到外地鱼肉百姓。此曲借咏喇叭为名，对宦官在运河沿岸装腔作势欺压百姓的行径进行了无情的讽刺。喇叭与唢呐都是民间乐器，吹奏的曲调往往比较简单，但是声音却十分响亮。运河交通繁忙，来往船只十分拥挤，宦官乘船出行，便吹奏喇叭来开道。宦官们狐假虎威，凭着皇帝的宠信而作威作福，故无论是官军还是百姓，听到喇叭声都胆战心惊，避之唯恐不及，生怕得罪宦官。有些居心不良的人便乘机假冒，也吹奏喇叭来为自己的船只开道。于是真假混杂，运河上喇叭声此起彼伏，乱作一团，以河运为生计的百姓，乃至从事漕运的兵士，都要经常躲避真假莫辨的宦官船只，弄得鸡飞狗跳，民不聊生。所谓"吹翻了这家，吹伤了那家"，便是百姓受到糟害的形象表述。全曲始终不离喇叭其物，一字未及宦官，但对他们的讽刺却痛快淋漓，入木三分，从而将那帮无耻之徒永远钉在历史的耻辱柱上。

思考题

　　此曲对比兴手法的运用十分巧妙，而比兴手法具有"兴发于此而义归于彼"（白居易《与元九书》）的功效，所以可以移用来批判类似的社会现象。请问你在生活中发现过"曲儿小腔儿大"的现象吗？

皂罗袍

[明] 汤显祖

原来姹紫嫣红开遍，似这般都付与断井颓垣。
良辰美景奈何天，赏心乐事谁家院！
朝飞暮卷，云霞翠轩；雨丝风片，烟波画船。
锦屏人忒看的这韶光贱！

这是汤显祖《牡丹亭》第十出《惊梦》中的一支曲子，作于明神宗万历二十六年（1598）。

杜丽娘是生于官宦家庭的一个闺秀，自幼受到父母与师长的双重管束，深受礼教意识的压抑。然而随着年龄的增长，她的青春意识开始萌动。此曲的内容乃杜丽娘溜进自家花园赏春，面对着春光绚丽却无人欣赏的寂寞园景，联想到自己空有美丽容颜与青春韶华却无人怜爱，于是深深地感受到寂寞与惆怅。"锦屏人"指幽闭在深闺中的自我，"忒看的这韶光贱"明指辜负了大好春光，也暗示着辜负了美丽青春，于是一股幽怨在内心深处油然而生。此曲的妙处是词句清丽、感情细腻，把一个青春少女内心深处对爱情的朦胧希冀描写得惟妙惟肖，成为整部《牡丹亭》中最受观众喜爱的一支曲子，从而具备独立成章的审美价值。

别云间

[明] 夏完淳

三年羁旅客,今日又南冠。
无限山河泪,谁言天地宽。
已知泉路近,欲别故乡难。
毅魄归来日,灵旗空际看。

夏完淳是四岁能文的神童,又是十七岁殉国的少年英雄,这双重身份的叠加,使其文学作品光芒四射,成为中国文学史上的旷世奇观。

明永明王永历元年(1647)七月,夏完淳在云间(今上海松江)被清军俘获押往金陵(今江苏南京),临行前作此诗。这样的诗,正如汪辟疆先生所评:"真情流露,不当以字句求之,皆字字血泪也!"然而它在艺术上绝非率尔之作,而是体现出诗人深邃的学养与过人的才华。首联叙述自己的遭遇:夏完淳于明毅宗崇祯十七年(1644)随其父夏允彝及其师陈子龙起兵抗清,屡败屡战,四处奔走,已历三年。如今身为俘虏而心存故国,就像春秋时期的楚人钟仪一样。《左传·成公九年》记载,钟仪被俘后关押在晋国的牢狱内,头上始终戴着南方的帽子,奏琴也始终操着南方的音乐,时人称其"不背本""不忘旧"。

所以"南冠"一词，既是俘虏的代称，也具有"不忘故国"的象征意义。夏完淳用"南冠"此典，精确无比。正因如此，夏完淳把被俘后所写的诗文结成一集并题作《南冠草》，以表露忠于故国的一片赤心，此诗就是《南冠草》中的第一篇。次联抒写内心的悲愤：山河沦陷，令人泪流不止；无处安身，谁说天地宽广？三联披露心事：自己已离黄泉不远，但仍然难以割舍故乡。尾联揣想自己死后的情形：精神不灭，虽死犹生，自己化为英魂回归故乡之日，定有神灵之旗帜飘扬于高空。夏完淳作此诗后仅两个月，即在金陵坚拒汉奸洪承畴的诱降并从容就义，实现了其以死殉国的庄严誓言。

十七岁的年龄，也许是常人人生道路的起点，夏完淳却已为人生画上句号，而且是一个光辉夺目的句号。由此可证，生命的价值并非由其长度，而是由其密度来决定的。阅读夏完淳包括诗词文赋在内的四百余篇遗作，可知其少年时代就奋发有为，青春岁月就可放射异彩。我们应像夏完淳那样，及早确立远大的志向，以只争朝夕的态度对待人生。

浣溪沙

[清] 纳兰性德

身向云山那畔行，北风吹断马嘶声。
深秋远塞若为情！

一抹晚烟荒戍垒，半竿斜日旧关城。
古今幽恨几时平！

此词作于清康熙二十一年（1682）秋冬之间，时纳兰性德随军前往梭龙巡边。梭龙又称"索伦"，即索伦部，是清初对达斡尔和鄂温克等部族的统称，分布在西起外兴安岭、东至黑龙江北岸一带。当时俄罗斯频频在此挑起边境纠纷，清廷派副都统郎谈等率军前往侦察敌情，纳兰奉命随行。

索伦部地处清朝的北疆，纳兰从北京出发前往，路途遥远。上片写途中情景：词人无法细述经历的千山万水，便用"云山那畔"一笔带过，以简驭繁，形象生动。纳兰此行八月启程，至年底返京，此词作于深秋，北国已是严寒天气。朔风劲吹，马嘶声时断时续，途中千辛万苦。于是词人喃喃自问：如此时节来到如此遥远的边塞，何以为情？下片写到达边塞后的所见所感：此地曾经战火蹂躏，人烟稀少，只见晚烟缭绕中的荒戍残垒，以及夕阳斜照下的旧时关塞。面对着一片荒芜萧瑟的景象，词人浩然长叹：古往今来，此地留下的无穷幽恨，何时才能消除？此句中"古今幽恨"的具体内涵是什么？是地方荒僻未经开垦，以渔猎为生的人民生活艰辛？是边境不宁烽烟四起，戍边将士处境孤危？是广漠无边的旷野令人自觉孤独渺小，还是亘古如斯的自然让人倍感地老天荒？词人没说，读者也难以猜测。纳兰是一位多情善感的词人，而不是长于逻辑思考的历史学家。他偶然来到苦寒的北地边关，目睹荒凉萧索的景色，心有所感，便倾吐为词。我们读其词而恍如身历其境，进而与他产生心灵上的共鸣，足矣！

己亥杂诗（其五）

[清] 龚自珍

浩荡离愁白日斜，吟鞭东指即天涯。
落红不是无情物，化作春泥更护花。

此诗作于清道光十九年（1839）。当时龚自珍感于时世，不乐为官，故以养亲的名义辞官返乡，此诗即作于返乡途中。

前两句写自己离开京城：天色已晚，我怀着浓浓的愁绪离开了京城，骑马向东而去。唐刘禹锡有诗云"莫道两京非远别，春明门外即天涯"（《和令狐相公别牡丹》），意即离开京城即与朝廷隔如天涯。龚诗化用刘诗句意，但能推陈出新，后来居上。用"浩荡"形容离愁，用"吟鞭东指"描写自己离京时的神态，神情兀傲，诗意跌宕，把自己虽然迭经打击但绝不屈服的心情表露无遗。后两句抒发内心的思绪：自己从官场节节败退，未能实现平生抱负，犹如春花即将凋落。然而落花并非无情之物，它们零落成泥化作沃土，仍能滋养、呵护来春的新花。龚自珍早年屡举不中，深谙科举制度扼杀人才的弊端，常常抨击那种制度。他在《病梅馆记》中抨击世俗种梅时以曲为美导致摧残梅花的愚行，决心"穷予生之光阴以疗梅"，也即挽救人才，把他们培养成匡世救国的有用之材。此诗更进一步，表达不惜牺牲自我来培育后人的宏愿。龚自珍写作此诗两年以后即不幸暴卒，"落红"之句，似乎成为诗谶。然而他的著作与思想，确实开了一代学风与文风，影响了康有为、梁启超、谭嗣同等进步人士。"化作春泥更护花"之遗愿，果然得以实现。龚自珍此诗写于鸦片战争爆发的前一年，那正是古老中国走向现代之前的沉闷时刻，包括此诗在内的《己亥杂诗》就是呼唤新时代来临的第一声春雷。

思考题

请问什么叫"诗谶"？你认为"诗谶"的说法有道理吗？试举例说明之。

潼关

[清] 谭嗣同

终古高云簇此城，秋风吹散马蹄声。
河流大野犹嫌束，山入潼关不解平。

　　此诗作于清光绪八年（1882），时谭嗣同年方十八岁，他的父亲谭继洵在兰州（今属甘肃）任职，谭嗣同自家乡浏阳（今属湖南）前往兰州省亲，途经潼关。

　　潼关地形险要，北临黄河，西倚华山，从古以来一直是兵家必争之地，是扼守关中门户的著名关塞。谭嗣同由东而西来到潼关，仰望城楼，只见白云缭绕，簇拥着这座千古雄关。满腹经纶的诗人久闻潼关的威名，此刻亲临，自然会想起在潼关发生的悠远历史，便觉得城头的白云与城墙上的秦砖汉瓦一样，都是终古如斯。首句中"终古"二字，双绾"高云"与"此城"，构思奇妙。次句写马蹄声声，散入阵阵秋风。表面上仅是写景，其实不但点明时令，而且平添几分苍劲萧瑟之气，这正是潼关应有的气象。后半首写潼关的山川地形，最称精警。第三句写万里黄河从北向南一路倾泻，流经龙门时河水受到两边高岸的束缚，激起千丈巨浪。黄河流到潼关后掉头向东，流进广阔的平野，但奔腾的气势犹未消尽，故诗人说它"犹嫌束"。潼关之东地势比较平坦，山岭也较低矮。一进潼关，迎面而来的便是群峰高峻的华山，故诗人说众山入关后便"不解平"。两句诗都巧妙地运用拟人手法，从而把山川写得生机勃勃。更值得注意的是，两句诗中都渗入了诗人愤世嫉俗、勇往直前的少年意气。表面上是描摹山水，骨子里却是抒发怀抱，从而极大地提升了全诗的意境。十六年之后，谭嗣同因参加戊戌变法而被捕入狱。被捕之前，谭嗣同本有机会出逃避难，但他坚决拒绝，决心杀身成仁。谭嗣同入狱后在牢房壁上题诗一首，宣称"我自横刀向天笑"，随即慷慨就义。这种舍身救国、视死如归的人生态度，早在其《潼关》一诗中已见端倪，我们岂能因其为少作而等闲视之！

满江红

[清] 秋瑾

小住京华,早又是中秋佳节。
为篱下黄花开遍,秋容如拭。
四面歌残终破楚,八年风味徒思浙。
苦将侬强派作蛾眉,殊未屑!

身不得,男儿列。
心却比,男儿烈。
算平生肝胆,因人常热。
俗子胸襟谁识我?英雄末路当磨折。
莽红尘何处觅知音?青衫湿!

此词作于清光绪二十九年(1903),时秋瑾在北京。

秋瑾出身于官宦家庭,二十岁时嫁给富家子弟王廷钧。在当时的社会背景中,秋瑾的宿命本是安分守己地做一个贤妻良母。然而秋瑾自幼胸怀大志,决心要冲破重男轻女的世俗之樊篱而有所作为。加上朝政黑暗,国势危急,反清革命的思潮汹涌起伏,内外双重原因交相作用，秋瑾决心冲出封建家庭的牢笼而投身革命事业，此词就是她自明心迹的人生宣言。

　　上片交代创作背景及缘由：此年春夏之交，王廷钧入朝任职，秋瑾随之进京，不久中秋来临。夫妻双方品性不合，感情不睦，秋瑾内心充满哀怨。虽然菊花盛开，但她觉得秋容萧索。"拭"者，擦洗、拂净之意；"如拭"者，萧索、凄清也。景色之萧索正源于心绪之凄凉：列强环伺，国家正处在四面楚歌的危急时刻。结婚八年来的生活寡淡无味，只好追忆婚前在故乡浙江的日子。词人想到这里，不禁埋怨命运为何让自己投生为一个女性，她内心是千般不愿！下片转入正面抒情：此身虽非男儿，此心却比男儿更加刚烈。自己一心要助人济世，常常肝胆皆热。可惜周围尽是庸俗之辈，他们眼光浅薄，无人能够理解自己。当然，词人深知前方的道路绝不平坦，自己定会像英雄末路那样遭受百般折磨。茫茫红尘世界，她到何处去寻找知音，于是洒泪如雨，衣衫尽湿。阅读此词，一位女性英雄报国无门的焦虑心情昭然若揭。果然，就在写作此词的次年，秋瑾冲破种种阻力，毅然离家东渡日本，投身反清救国的革命事业，并于三年后英勇牺牲。

　　在秋瑾的诗词作品中，希望变身男儿的意念频频出现，因为当时只有男子才可能走上社会做一番轰轰烈烈的事业。此词最集中地披露了秋瑾的这个心声，堪称那个特定时代中要求妇女解放的最强呼声。

> 思考题

清代词论家田同之批评某些婉约派词人是"男子而作闺音"(《西圃词说》),此词恰恰相反,是一首"女子而作雄声"的豪放词,这是秋瑾对词史做出的独特贡献。你对此有什么看法?

沁园春·长沙

毛泽东

独立寒秋，湘江北去，橘子洲头。
看万山红遍，层林尽染；漫江碧透，百舸争流。
鹰击长空，鱼翔浅底，万类霜天竞自由。
怅寥廓，问苍茫大地，谁主沉浮？

携来百侣曾游。忆往昔峥嵘岁月稠。
恰同学少年，风华正茂；书生意气，挥斥方遒。
指点江山，激扬文字，粪土当年万户侯。
曾记否，到中流击水，浪遏飞舟？

1925年晚秋，毛泽东从广州返回湖南从事农民运动，途经长沙，重游橘子洲，感慨往事，乃赋此词。橘子洲是湘江中的一个沙洲，西望岳麓山，东临长沙城，毛泽东的母校湖南第一师范学校就在湘江东岸，与橘子洲隔江相对。从1913年到1918年，毛泽东在湖南第一师范学校学习时，常常与同学到橘子洲游玩，还常在湘江中游泳以求"野蛮其体魄"。第一师范是青年毛泽东从闭塞的乡村走向世界的第一个人生驿站，他在这里积储学问，思考人生，并磨炼意志，结交同道。可以说，橘子洲见证了毛泽东的青春岁月，凝聚着他的青春记忆。当他再度在橘子洲头独立寒秋时，眼中的一幅湘江寒秋图便格外飒爽开朗、生机勃勃。自古文人多爱写悲秋主题，草木摇落、风霜凄清是咏秋诗词中最常见的情景。但是此词的上阕却展开一幅迥然不同的秋景：山红江碧，色彩皆是斑斓鲜亮；鹰击鱼翔，状态无不劲健有力。此时词人的胸中没有丝毫的悲秋之意，反倒满怀豪情地询问苍茫大地"谁主沉浮"。

下阕随即展开对往昔岁月的豪迈记忆。"携来百侣曾游"，一位学生领袖的身影呼之欲出。"同学少年"数句，即是词人与同学蔡和森、萧子升等有志青年的群像图。正是他们创办了革命组织新民学会，意气风发地开展革命活动。"指点江山"数句，即是词人创办《湘江评论》宣传革命、抨击反动势力，并发起驱逐军阀张敬尧等革命运动。这些洋溢着青春朝气的活动，便是词人别出心裁地用"峥嵘"这个词来形容往昔岁月的充足理由。而尾句对畅游湘江、劈波斩浪的回忆，一则紧扣"橘子洲"的主题，且与词首的"湘江北去"桴鼓相应；二则以健句结尾，遂与全词的豪爽气概融合无痕。

总之，此词上阕写景，下阕抒情，贯穿其间的则是雄豪壮伟的人生精神，是一位革命家所写的青春颂歌。

沁园春·雪

毛泽东

北国风光，千里冰封，万里雪飘。
望长城内外，惟余莽莽；大河上下，顿失滔滔。
山舞银蛇，原驰蜡象，欲与天公试比高。
须晴日，看红装素裹，分外妖娆。

江山如此多娇，引无数英雄竞折腰。
惜秦皇汉武，略输文采；唐宗宋祖，稍逊风骚。
一代天骄，成吉思汗，只识弯弓射大雕。
俱往矣，数风流人物，还看今朝。

此词作于1936年2月。1935年10月，毛泽东率领中央红军结束长征，到达陕北革命根据地。次年2月，红军即将东渡黄河，毛泽东来到清涧县高杰村镇的袁家沟村，侦察地形。他登上地势较高的高家圪塬，纵目远望，只见群山上白雪皑皑，黄河则被坚冰封住而不再奔流。此时的毛泽东因长征胜利而心情豪迈，又初次看到雄浑壮丽的北国风光，便挥毫泼墨，写下此词。

毛泽东在青年时代曾在北京度过冬季，但从未见过积雪千里的北方原野。所以此词上片以惊喜的心情描写高原雪景：极目远望，唯见冰封雪飘。此地北距长城二百余里，即使站在塬上也未能望见长城。所谓"长城内外"，是用夸张手法泛指辽阔的陕北高原。"莽莽"意近"迷茫"，指积雪下的高原轮廓模糊，望去茫茫一片。奔流直下的黄河一经冰封，顿时失去原来的滔滔之势。大雪纷飞时的景象如此壮丽，一旦雪停日出，又当如何？词人充分展开想象：一轮红日与千里雪原交相辉映，犹如分别穿着红衣与白衣的两个美女，多么娇艳妩媚！下片转入抒情：江山如此美好，古往今来，引得多少英雄为她倾倒！可惜从秦皇汉武到唐宗宋祖，那些帝王虽然武功强盛，但文治均有不足，徒知射猎的游牧民族酋长更不足道。"略输文采"与"稍逊风骚"是互文见义，都是指文治欠缺。于是词人浩然而叹：真正的风流人物，还有待于今朝！作者自注："末三句，是指无产阶级。"更准确地说，应是指人数众多的革命队伍。因为前面咏到的古代风流人物都是帝王，他们争夺江山都是为了建立"家天下"。如今的革命者则是为人民而打江山，他们的思想境界远超古代帝王，他们才是真正的风流人物！

　　此词气势雄伟，境界阔大，充分展露了革命领袖的豪迈气魄，一读即知。需要稍加注意的是，词人对于词体格律既严格遵循，又有所变通，故能推陈出新，别开生面。例如《沁园春》之调式，上、下片均有以一字领起两组并列的四言扇面对的句式。辛弃疾《沁园春·带湖新居将成》的上片有："甚云山自许，平生意气；衣冠人笑，抵死尘埃。"下片则有："要小舟行钓，先应种柳；疏篱护竹，莫碍观梅。"此词也是如此，体现出词人对传统的尊重与传承。再如按照词谱，此调下片第八句的平仄格律应是平平仄仄，但此词写成"平仄平平"，似乎不合格律。对此，王力评曰："这四个字是人名，是一个整体，何必再拘泥平仄？再说，'成吉思汗'是一个译名，它在蒙古语里又何尝有平仄呢？"（《诗词格律》）这种对待传统既有遵循又有变通的辩证态度，值得我们深思。

思考题

试将此词与毛泽东的《沁园春·长沙》对读，并分析其中"以一字领起两组并列的四言扇面对的句式"。

梅岭三章

陈毅

一九三六年冬,梅山被围。余伤病伏丛莽间二十余日,虑不得脱,得诗三首留衣底。旋围解。

一

断头今日意如何?创业艰难百战多。
此去泉台招旧部,旌旗十万斩阎罗。

二

南国烽烟正十年,此头须向国门悬。
后死诸君多努力,捷报飞来当纸钱。

三

投身革命即为家,血雨腥风应有涯。
取义成仁今日事,人间遍种自由花。

1934年10月，红军主力离开江西根据地作战略转移。陈毅因伤奉命留在粤赣交界处，坚持游击战争。1936年冬，陈毅在梅山被围，躲藏在山林间长达二十多天。就在那个危急关头，陈毅作诗三首，表明随时准备牺牲的决心，因而具有绝笔诗的性质。

第一首悬揣死后的情形。首句以"断头今日"开始，说明生命已到最后关头。人之将死，难免要回忆平生，次句便简洁地回顾身经百战的革命经历。三、四句是名副其实的"鬼雄"之诗：魂归泉台，仍将招集旧部，继续奋斗。泉下并无人居，自己将与何人作战？原来是要"斩阎罗"！末句意思双关：一来阎罗是阴间的最高统治者，其地位犹如人间的反动统治者，自己到阴间继续革命，当然要以他为讨伐对象；二来阎罗是凶恶势力的象征，诛杀阎罗，便可解救众生。这个奇特的想象，可谓旷古未有！阎罗专司取人性命，是真正的凶神恶煞。陈毅居然要"斩阎罗"，真是豪气冲天，当令恶鬼胆战！

第二首告别战友。前二句说自从参加革命战争以来，已近十年，战死或被俘的危险始终存在。但自己即使被杀，也要悬头国门，亲眼看到敌人的覆灭。诗中运用古人伍子胥的典故，非常贴切。后二句是留给战友的遗言：希望你们继续奋斗，捷报飞来，就是祭奠我的纸钱！古人用纸钱祭奠亡者，往往是挂于墓地的树头，随风飘扬。唐人白居易诗云"风吹旷野纸钱飞"（《寒食野望吟》），就是指此而言。此诗既表明陈毅对革命事业的最后胜利充满信心，也体现出他愿为革命事业牺牲生命的坚定决心。

第三首总结自己的一生：早年投身革命，以此为人生的归宿。战争中充满着血雨腥风，但革命终将胜利，战争终将结束。如今我身处危难，决心为革命事业牺牲自己，以鲜血浇灌人间的自由之花。

这三首诗都具有绝笔的性质，故直抒胸臆，毫无修饰。它们是一位坚贞不屈的革命志士的人生誓言，也是他向世人自表心迹的临终遗言。诗中充满着对正义事业的坚定信心，洋溢着视死如归的浩然正气，具有激励人心的强大精神力量。